U0495732

副刊文丛 一 主编 李辉 王刘纯

副刊

谈艺录

刘炜茗 编

中原出版传媒集团
中原传媒股份公司
大象出版社
·郑州·

图书在版编目(CIP)数据

谈艺录 / 刘炜茗编.— 郑州 ：大象出版社，
2018. 7
(副刊文丛 / 李辉，王刘纯主编)
ISBN 978-7-5347-9540-4

Ⅰ. ①谈… Ⅱ. ①刘… Ⅲ. ①艺术家—访问记—中国
—现代 Ⅳ. ①K825. 7

中国版本图书馆 CIP 数据核字(2017)第 268544 号

谈艺录

TAN YI LU

刘炜茗　编

出 版 人　王刘纯
项目统筹　李光洁　成　艳
责任编辑　徐淯琪
责任校对　毛　路
封面设计　段　旭
内文设计　杜晓燕

出版发行　大象出版社(郑州市开元路 16 号　邮政编码 450044)
发行科　0371-63863551　总编室　0371-65597936
网　　址　www.daxiang.cn
印　　刷　北京汇林印务有限公司
经　　销　各地新华书店经销
开　　本　787mm×1092mm　1/32
印　　张　9.625
版　　次　2018 年 7 月第 1 版　2018 年 7 月第 1 次印刷
定　　价　39.00 元

若发现印、装质量问题，影响阅读，请与承印厂联系调换。
印厂地址　北京市大兴区黄村镇南六环磁各庄立交桥南 200 米(中轴路东侧)
邮政编码　102600　　　　电话　010-61264834

“副刊文丛”总序

李　辉

设想编一套“副刊文丛”的念头由来已久。

中文报纸副刊历史可谓悠久，迄今已有百年。副刊为中文报纸的一大特色。自近代中国报纸诞生之后，几乎所有报纸都有不同类型、不同风格的副刊。在出版业尚不发达之际，精彩纷呈的副刊版面，几乎成为作者与读者之间最为便利的交流平台。百年间，副刊上发表过多少重要作品，培养过多少作家，若要认真统计，颇为不易。

“五四新文学”兴起，报纸副刊一时间成为重要作家与重要作品率先亮相的舞台，从鲁迅的小说《阿Q正传》、郭沫若的诗歌《女神》，到巴金的小说《家》等均是在北京、上海的报纸副刊上发表，从而产生广泛影响的。随着各类出版社雨后春笋般出现，杂志、书籍与报纸副刊渐次形成三足鼎立的局面，但是，不同区域或大小城市，都有不同类型的报纸副刊，因而形成不同层面的读者群，在与读者建立直接和广泛的联系方面，多年来报纸副刊一直占据优势。近些年，随着电视、网络等新兴媒体的崛起，报纸副刊的优势以及影响力开始减弱，长期以来副刊作为阵地培养作家的方式，也随之隐退，风光不再。

尽管如此，就报纸而言，副刊依旧具有稳定性，所刊文章更注重深度而非时效性。在新闻爆炸性滚动播出的当下，报纸的所谓新闻效应早已滞后，无法与昔日同日而语。在我看来，唯有副刊之类的版面，侧重于独家深度文章，侧重于作者不同角度的发现，才能与其他媒体相抗衡。或者说，只有副刊版面发表的不太注重新闻时效的文章，才足以让读者静下心，选择合适时间品茗细读，与之达到心领神会的交融。这或许才是一份报纸在新闻之外能够带给读者的最佳阅读体验。

1982 年自复旦大学毕业，我进入报社，先是编辑《北京晚报》副刊《五色土》，后是编辑《人民日报》副刊《大地》，长达三十四年的光阴，几乎都是在编辑副刊。除了编辑副刊，我还在《中国青年报》《新民晚报》《南方周末》等的副刊上，开设了多年个人专栏。副刊与我，可谓不离不弃。编辑副刊三十余年，有幸与不少前辈文人交往，而他们中间的不少人，都曾编辑过副刊，如夏衍、沈从文、萧乾、刘北汜、吴祖光、郁风、柯灵、黄裳、袁鹰、姜德明等。在不同时期的这些前辈编辑那里，我感受着百年之间中国报纸副刊的斑斓景象与编辑情怀。

行将退休，编辑一套“副刊文丛”的想法愈加强烈。尽管面临新媒体的挑战，不少报纸副刊如今仍以其稳定性、原创性、丰富性等特点，坚守着文化品位和文化传承。一大批副刊编辑，不急不躁，沉着坚韧，以各自的才华和眼光，既编辑好不同精品专栏，又笔耕不辍，佳作迭出。鉴于此，我觉得有必要将中国各地报纸副刊的作品，以不同编辑方式予以整合，集中呈现，使纸媒副刊作品，在与新媒体的博弈中，以出版物的形式，留存历史，留存文化，便于日后人们借这套丛书领略中文报纸副刊（包括海外）曾经拥有过的丰富景象。

“副刊文丛”设想以两种类型出版，每年大约出版二十种。

第一类：精品栏目荟萃。约请各地中文报纸副刊，挑选精品专栏若干编选，涵盖文化、人物、历史、美术、收藏等领域。

第二类：个人作品精选。副刊编辑、在副刊开设个人专栏的作者，人才济济，各有专长，可从中挑选若干，编辑个人作品集。

初步计划先从20世纪80年代开始编选，然后，再往前延伸，直到“五四新文学”时期。如能坚持多年，相信能大致呈现中国报纸副刊的重要成果。

将这一想法与大象出版社社长王刘纯兄沟通，得到王兄的大力支持。如此大规模的一套“副刊文丛”，只有得到大象出版社各位同人的鼎力相助，构想才有一个落地的坚实平台。与大象出版社合作二十年，友情笃深，感谢历届社长和编辑们对我的支持，一直感觉自己仿佛早已是他们中间的一员。

在开始编选“副刊文丛”过程中，得到不少前辈与友人的支持。感谢王刘纯兄应允与我一起担任丛书主编，感谢袁鹰、姜德明两位副刊前辈同意出任“副刊文丛”的顾问，感谢姜德明先生为我编选的《副刊面面观》一书写序……

特别感谢所有来自海内外参与这套丛书的作者与朋友，没有你们的大力支持，构想不可能落地。

期待“副刊文丛”能够得到副刊编辑和读者的认可。期待更多朋友参与其中。期待“副刊文丛”能够坚持下去，真正成为一套文化积累的丛书，延续中文报纸副刊的历史脉络。

我们一起共同努力吧！

2016年7月10日，写于北京酷热中

目　录

编者絮语

早在旧石器时代，人类即已与艺术结缘，通过艺术来表达我们的生活，表达我们内心的情感。在我们回望中国古代艺术家创造的灿烂艺术的同时，也应看到，现当代艺术家也创造出了许多能震撼我们心灵的作品。在这些艺术家和艺术创作的背后，有着怎样的故事？

2014年《大家访谈》新开辟的《谈艺录》系列将把我们的视线投向国内的艺术，包括绘画、当代艺术、收藏、艺术史等领域，以深度访谈的形式回溯国内艺术名家的成长、成名、创作往事，兼及他们艺术观的表达以及艺术上面临的困惑等。希望通过这一个系列，部分地展现艺术家们的艺术之路，并由此管窥艺术家群体的生态以及中国艺术的发展现状。

巫鸿：艺术的评价不能靠市场决定

陈晓勤

巫鸿，艺术史家，哈佛大学美术史和人类学双博士，芝加哥大学教授，中国赴美学习艺术史第一人。在哈佛期间，他曾策划组织将陈丹青、木心、罗中立等人的作品在美国展览。其著作《武梁祠——中国古代画像艺术的思想性》曾获1989年全美亚洲学年会最佳著作奖。他曾策划许多大型展览，包括“断裂的流动——叶永青个展”(2011年)、“2010·曾梵志”(2010年)、“物尽其用：赵湘源和宋冬”(2005年)、“2004烟草计划——徐冰个展”(2004年)、首届“广州三年展”(2002年)等。

巫鸿常年居住在美国。他与太太住在芝加哥一栋有百年历史的老房子里，老房子视野很好，从飘窗望出去是当地有名的湖泊，湖面平静，风景随着四季变化而变化。

巫鸿生长在一个知识分子的家庭里，父亲巫宝三是有名的经济学家，母亲孙家秀是中央戏剧学院的教授，家庭宽松的读书环境让他对知识产生了兴趣。他一路上遇到多位名师益友，如父母的朋友夏鼐和陈梦家，恩师张光直、金维诺，以及当年一起闯荡美国的陈丹青等，艺术生命因而增添了许多亮色。之所以选择美术史，巫鸿笑着说“非常偶然”，“我一直喜欢画画，想当个艺术家，但20世纪60年代初央美的艺术部分不招生，只设有美术史专业”。读到第二年，中止了上课。但之后，巫鸿很幸运地从故宫的站殿员工成为哈佛大学的学生，再成为现今的芝加哥大学教授。1989年，他的博士论文《武梁祠——中国古代画像艺术的思想性》英文版出版，将美术史的研究拓展到社会学与人类学领域，使巫鸿得到了学界的肯定，获得了当年全美亚洲学年会最佳著作奖。

与中西方艺术均有亲密接触的巫鸿发现，在艺术研究上，东西方的不同并不是一个地理问题，而主要是时间的问题。虽然西方美术史的研究和教学重心已经移到对现代和当代的研究，但对中国的艺术研究还主要集中在古代，对当代关注很少。为了填补这种时间上的落差，他从研究中国古代美术延伸到中国当代艺术，在美国推广中国艺术家，出画册、办展览，用他的话形容，“我是重建中美关系的小小棋子”。

故宫七年

南都：1963 年，你考入中央美术学院（即央美）美术史系学习，金维诺先生是央美第一任美术史系主任，他教你哪方面的知识？

巫鸿：他担任过我本科以及研究生时两任老师。金先生主要教中国古代美术史，特别以佛教美术史为主。入大学前我没有接触过佛教艺术，通过金先生的启蒙，我看到佛教美术在思想、宗教、艺术方面的多个层面。金先生非常开放而不死板，他对我的影响很大。后来我对佛教美术感兴趣，写了些文章，甚至培养了一些佛教艺术、敦煌学方面的学生，都是受到金先生的启蒙。

南都：学佛教艺术最好是亲自到洞窟里观摩，像张大千就临摹过不少敦煌绘画，这段经历成就了他的艺术创作。你有这方面的体验吗？

巫鸿：对的。金先生特别强调这点，学佛教美术，最好是去佛寺、石窟参观、体验和临摹，不能光在教室里看幻灯片。石窟在当时还不是旅游景点，我们搭架子爬上去临摹壁画，通过一点点临摹，可以看得更仔细。

我入大学后不久就赶上了“文革”，看石窟的时间断断续续，师兄师姐比我看得多。“文革”结束后，1978年我回到央美读研究生。金先生第二次成为我的老师。研究生时期的一个主要经历是到石窟和佛寺去参观和实习，去了云冈石窟、克孜尔石窟、华严寺、善化寺等处。我在克孜尔石窟待的时间比较长，那里好像是一个与世隔绝的地方，让我真正体验到了佛教艺术的魅力。

南都：在回央美读研之前的七年，1972年到1978年，你一直在故宫博物院工作？

巫鸿：其实，我在“文革”期间有一段很不平凡的经历，曾被送到河北宣化接受工农兵的再教育，在那里劳动三四年。1972年之后，我们大学生被分配回来工作，我和几个同学糊里糊涂地被分到故宫这非常好的地方。

南都：能分配到故宫，是多少人梦寐以求的啊。你主要做哪方面工作？

巫鸿：其实，实际情况未必是大家所想象的。（笑）我在故宫第一年的任务是“站殿”，就是看管展览厅、清理展览的柜子、扫地擦地等。当然“站殿”也算是个学习的机会，比如当时有个“近百年中国绘画”的展览，我每天擦陈列柜的玻璃，对每张画的绘画内容、题款、印章、纸等都有了难忘的印象。这也算是个特殊的学习经验吧。经历过“站殿”后，我先后进入书画组、金石组工作，在金石组我研究铜器和石刻，手里可以拿着铜器反复研究，感觉和看照片很不一样。这些知识最后都融汇在一起，对我以后做研究很有帮助，可以说是冥冥之中自有天意。

南都：当时与你一起在故宫工作的还有谁？

巫鸿：同事里有的是美术学院培训出来的，如杨新，后成为故宫博物院的副院长；聂崇正，现在是最有名的研究清代院画的专家；单国强，后来是故宫博物院书画部部长。他们是1960年、1961年入学央美的，是我的师兄。其他有一些同事是北大考古系毕业的，如杜乃松等。还有一些影响蛮大的老专家，比如著名的文字学家、古器物学家唐兰，他那时很少上班，我曾在下班后找他学习，他推荐《左传》，让我熟读。还有一部分人原来在北京琉璃厂古玩店工作，后来成为故宫的工作人员，他们虽然不是学者型的专家，但对实物的真伪鉴定有充足经验。比如在金石组的办公室，有一位叫王文昶的老专家坐在我对面，他原来从事古玩工作，每天翻看陈梦家编写的《美帝国主义劫掠的我国殷周铜器集录》这本书，和我谈这个或那个铜器是什么时候发掘的，他自己是如何经手的，以及后来的流传情况，都是相当宝贵的经验之谈。另一位马子云先生是碑帖研究专家，对拓片上的每个细节都了如指掌。

南都：你真正做研究是从什么时候开始的？

巫鸿：这得看什么是“研究”。在故宫的时候，大多数时间是我自己摸索，没有人教我怎么做。1977 年还是 1978 年，我注意到国内外收藏了一组很奇怪的玉器，觉得不同凡响，就找机会到北京图书馆和社会科学院搜集资料，把这些器物和史前时期东夷的文化联系起来，写成一篇文章，名字起得不好，直截了当地称为《一组早期的玉石雕刻》，发表在《美术研究》创刊号上。这种摸索有点误打误撞，不是用很严格的方法来进行研究，而是靠直觉，靠看书，在自己个人钻研的基础上，吸取各种可能的因素，也会请教老专家。

当时我还写了一篇文章《商代的人像考》，初生牛犊不怕虎，拿着厚厚的文稿到考古所给当时的所长夏鼐看。他很忙，但对年轻人很好。他拿起来先不看正文，而是翻开注释，看其中所引用的书目和材料。这件事给我的印象非常深刻，告诉我写文章必须有足够的研究基础和知识含量，充分地使用前人的研究和材料，也要对此详细注明。注释是鉴定一个人研究工作水平的重要因素，先不用看理论是多么辉煌。这种观念和如何在学术界给自己定位很有关系。

哈佛求学

南都：后来，是什么原因促使你到哈佛大学学美术史？

巫鸿：一个原因是，当时我认识到我的学习很不连贯，虽然有很多的渠道，也有很多灵感来源，但是不系统。我读研究生的专业是青铜器，但央美没有专门教青铜器的老师，只有李松，他后来做了《美术》杂志的总编。我渴望系统的学习。另一个原因是，我做古代研究时对人类学产生了兴趣。在美国，考古学属于人类学，研究的对象是人类的行为和思想，认为出土文物是人类行为的遗存。这个学科理论性很强，很吸引我。进入哈佛大学后我进入了人类学系，导师是考古学家和人类学家张光直先生。

1979年，有些人出国了，到外国学习也有了可能性，加上没有外语考试，没有托福——要是有的话我一辈子都出不去，因为我没有正规学过英文——父母英文都很好，但我当时并没有学。在一个朋友的帮助下我就报考了，寄去自己写作的样章。后来我听说，张光直先生已经注意到我在《故宫月刊》上发表的一篇文章。我报考以后，张光直先生有位学生当时在北京大学念考古学，是一个美国人，便让我去见见他，算是一个面试。我去后，双方用中文聊了很多考古方面的事情。他写了一个报告回去说我还不错。他们后来寄信来说我被录取了，有全额奖学金。我便糊里糊涂地去了。

南都：让你声名鹊起的《武梁祠——中国古代画像艺术的思想性》是怎样写成的？

巫鸿：当时西方研究中国美术史的著作已经积累了

不少。我于是有个想法，希望写一本不太一样的美术史。研究者往往希望讨论新材料，我想：我偏偏找一个大家都熟知的例子，就是中国人已经研究一千年的，外国人研究了至少一百年的武梁祠。我的想法是，写成的书会有两个作用，一个是梳理学术史，看看前人是怎样看待中国汉代美术的，他们的看法和研究方法发生了怎样的变化。另一个是发展新的分析、解释图像的方法。原来有两种常用的研究方法，中国的研究大多探讨图像的内容，西方的则侧重艺术风格论。我采用了一个不同的方法，把武梁祠作为一个整体作品来谈，进而探讨图像背后呈现的思想含义，与当时的历史、政治、学术，以及儒家思想联系起来，还涉及当时的礼仪和道德观。我觉得这种熟知的题目很有意思，可以迫使你在方法论上更自觉，在解释的层次上推进。

南都：美国的博物馆发展有百余年的历史，中国那时才刚起步吧？艺术上，最让你受冲击的是什么？

巫鸿：中国当时还没有真正意义上的美术馆，特别是没有世界和现当代美术的陈列馆。我第一次去纽约的大都会美术馆时，简直不能相信自己的眼睛。那么多曾经在书本上看过的古往今来的名作原来都在这里，就摆在面前，几乎伸手可触。我当时的一个朋友是个美国艺术家，住在纽约苏荷区。我有时去看她就住在那里，第一次感受到了美国当代美术圈的气氛。

南都：当时美国人对中国美术的了解怎样？有现在这么大的兴趣吗？

巫鸿：美国、英国、法国对中国艺术的理解很长远，从 18、19 世纪就开始收藏中国艺术品。美国美术馆里的中国收藏品非常多，书画、铜器、陶瓷等，均非常精美。这些藏品的来源主要是由私人收藏转为公共性的，比如收藏家王季迁捐赠了相当一批古代中国书画作品给大都会博物馆。离哈佛大学很近的波士顿美术馆有中国书画最重要的收藏，如阎立本的《历代帝王图》、宋徽宗的《捣练图》等名画。

除收藏外，他们对中国美术史的研究也有很长的历史。从 20 世纪初，美国大学已经有教授专门讲授亚洲艺术或中国艺术。虽然在冷战时期，美国和中国在政治上隔绝，但对中国美术的研究并没有停顿，许多美国的学者通过对台北“故宫”的藏品进行研究，取得了相当重要的成绩。

南都：西方对中国的当代艺术研究情况是怎样的？

巫鸿：总体来说，国外研究中国美术史，在很长时间内主要是研究中国古代美术史，20世纪90年代以前对现代美术的关注很少，关于当代美术的著作更是寥若晨星。这种情况和对西方美术史的研究和教学很不一样，因为到了20世纪90年代后，西方美术史的研究和教学重心已经移到对现代和当代的研究。相比之下，非西方的美术史研究和教学就有一个很大的时间差。一谈到非西方美术，很自然就变成了对古代的研究。

南都：所以，这就促使你逐渐转入对中国当代艺术的研究，并在美国策划有关中国艺术家的展览。

巫鸿：是的。开始的时候我主要还是在美国组织当代艺术展览。在哈佛大学读博士时，我在哈佛的亚当斯楼中策划的第一个展览是陈丹青的，还有一个是木心的，木心的文笔好，画画也很好。还有张宏图、罗中立等人的展览，加起来大概十几个。但是当时这些展览的规模都不大，也没有出版物。2000年年初回到中国做展览，与国内的学者配合，如与王璜生、黄专、冯博一等人一起策划2002年的首届“广州三年展”，对20世纪90年代中国大陆的当代艺术进行研究性的回顾。

南都：你为陈丹青策划的第一个展览，展出了哪些作品？在美国的反应如何？

巫鸿：我在哈佛策划的都是非营利性展览，也可能是陈丹青的第一个这样的展览吧。展出的作品都是他来美国以后画的，仍是西藏主题。观众主要是哈佛大学的老师和学生，还有一些校外的专家，他们都表示了非常大的兴趣，因为从来没有看到过这种中国现代绘画。许多人对作品的人文气质和技术水平也很赞许。

策展个案：“物尽其用”

南都：“瞬间：20世纪末的中国实验艺术”是你第一个真正意义上的展览吧？

巫鸿：这是20世纪90年代末在芝加哥策划的展览，我通过研究和访谈挑选出21位艺术家，有谷文达、宋冬、徐冰等。这些艺术家当时并不是市场上作品卖得最好的艺术家，但在我看来他们在做很有新意的艺术品，做得很好。我强调实验性。我为展览所写的书里每一位艺术家都有一个专门的章节，有很详细的讲解。外国人容易把中国看成是一个整体性的东西，这个展览和书倾向于把中国当代艺术不是作为整体的社会现象，而是作为艺术家的个人创造来介绍，强调每个艺术家的个性和不同之处。美国人对这个展览的反应还是很强烈的。展览在美国好几个地方巡回展出，书也被不少大学用作教材。可以说，这个计划把这些中国当代艺术家推到了前台。

南都：这批艺术家在当时要么刚刚崭露头角，要么寂寂无闻等待挖掘，你是通过什么渠道找到他们的？

巫鸿：好多原来并不认识。从1991年开始，我和中国的当代艺术界重新接轨，此后每年都回中国做调查，参与活动。记得1991年我回来参加了一场讨论，是在北京西三环中国画院召开的“中国当代艺术研究文献展”。

南都：谈及你所策划的展览，不得不提“物尽其用”。对宋冬的母亲赵湘源长年累月收藏的日用品，你通过策展、撰书，将这些“垃圾”变成了巨大的装置，全球巡展，很有意思。

巫鸿：“物尽其用”这个展览的合作是从2004年开始的，当时我们在北京见面，他谈起对这个计划的想法。宋冬的父亲去世了，母亲受到很大打击。她本来就有一种习惯，什么东西都不扔。这种习惯到此时变得一发不可收拾。由于精神上的抑郁，她把自己封闭起来。宋冬制订了一个艺术计划，希望把他的母亲变成艺术家，以此慢慢把母亲从黑洞中拉出来，治愈母亲。我听到这个想法以后觉得很有意思，就开始和他谈做展览的方式。这是一个很有实验性的展览。

南都：宋冬怎样通过艺术把他妈妈拉出悲伤呢？

巫鸿：最早的展出是在北京的东京画廊，展出物品的数量还不是太大。宋冬与母亲是合作者，母亲是作为艺术家出现的，而不是宋冬用她的东西去做艺术。所有的东西都是由他母亲一件件打开、收拾。在整个展览期间她都坐在展厅里，和观众交流，给观众讲这些东西的故事。而她的病确实在这个过程中逐渐被治愈了。我一开始见宋冬母亲的时候，她一谈起(宋冬的父亲)就泣不成声。后来这个展览旅行到柏林的世界文化宫、韩国“光州双年展”、“美国现代美术馆巡展”。到2006年的“光州双年展”的时候，他母亲已经笑逐颜开了。这个作品获了“光州双年展”的大奖，有的艺术家和宋冬开玩笑说这不公平：“这是你母亲的第一件作品，怎么就得了大奖？”宋冬说这确实是她的第一件作品，但是是她用全部生命做的一件作品。

南都：其实这个展览也有争议，有人认为这就是堆放旧物的展览，在操作上没有新意。你怎么看？

巫鸿：这个作品的意义特别符合我对中国当代艺术的定义——这种艺术常常使用国际当代艺术的通行手段，如装置、影像等，但其核心仍是中国的问题，是中国艺术家自己对中国社会的思考。通过这个计划，我们看到中国当代美术和家庭的关系。

从表面上看，人们可以说宋冬母亲的作品只不过把很多“现成品”堆积起来，这种事很多人做过了，不新鲜。但重要的是宋冬给了它一个新的观念，把它想象成一个治愈和解决社会、家庭问题的过程。而家庭问题不光是一个人的事，还与中国的历史和社会有着密切的关系。宋冬从20世纪90年代开始就做了不少以家庭为主的作品，比如《抚摸父亲》，用手的录像影像去抚摸父亲，继而做成视频。他把自己与父亲的关系通过艺术品去调整，重新建立起一种家庭的信任。“物尽其用”是在这个基础上所做的一个更大的计划，用来治愈历史遗留下来的问题和创伤。作为一个美术史家和批评家，我认为这些想法很具原创性。

南都：美国是消费大国，与宋冬妈妈需要保留的观念反差较大，美国人或者韩国人能了解这个展览的意义吗？

巫鸿：在MOMA（现代艺术博物馆）展览的时候，参观的人非常多。这是第一个中国艺术家在MOMA中心大厅做展览，是一种殊荣。但是在我看来，真正理解这个展览深层意义的并不是很多。有人说这不新鲜，国外也有艺术家用垃圾做过艺术展览。我觉得这是因为那些人不了解这个展览，也不了解艺术家的想法和概念。但是也不能全赖他们，特别是当宋冬的母亲去世以后，没有了她和观众的交流，这个展览变成了比较一般意义上的装置作品。到韩国的时候，一些韩国的妇女在作品前流泪。虽然不是她们自己的东西，但经验是完全一致的。我自己也接到很多观众传来的电子邮件，说如何被这个展览感动。总体来说，反应很好。

南都：对一个展览质疑，这是观展的常态吗？

巫鸿：一个艺术作品，特别在展览中，不能设想所有的观众都会是一种理解。随着观众的身份和思想准备的差异，会出现很多不同的反应和评价。特别是当代艺术，展览好不好，主要在于是不是表现出新的观念层次。有了新的观念，还要看呈现得好不好。有的展览里的作品开始不被大家所理解，但是最后历史证实这是当时最有前瞻性，对后来影响非常大的作品。

这种情况在现代和当代艺术史中屡见不鲜。比如印象派的莫奈在当时不被接受，正式展览将其拒之门外，现在却被认为是印象派的大师，一般民众也相当习惯和喜欢。这说明人们对美术品的接受力在不断扩充。时代永远需要勇敢的艺术家。

艺术价值与艺术市场

南都：你 2010 年曾给曾梵志在上海外滩美术馆策划个展，曾梵志这些年在拍卖市场的火热，尤其是他去年 1.8 亿港元的新闻，使得大家越来越关注他。你怎么看待艺术价值与市场价值的关系？

巫鸿：中国当代艺术价格上涨从整体发展来说是好事。有人觉得卖得太贵，不值那么多钱，这是另外一个问题。把中国当代艺术放到历史上看，从 20 世纪 80 年代几乎没有市场到现在有了市场，而且能卖出如此高价，至少证明这个领域在往前发展。

但是这里我们需要厘清一个概念，即艺术的评价不能靠市场决定，不能说卖得最贵的就是最重要的、最好的作品。这是因为市场价格会受到其他机制操作，不完全由艺术批评决定，常常与艺术家本人的商业才能、画廊与社会关系、收藏家的推动等因素有关。商业上的成功和最后在美术史上的成功不具有直接的联系。举个例子，历史上在当时很成功的一些画家——如法国皇帝的御用画家，当时的皇帝、贵族、有钱人都在竞相收集他的作品——现在都放到美术馆的地下室里去了，很少展览。历史很漫长，要经过很多筛选和淘汰。一个艺术家一生画上千张作品，历史也要选择，不是一个画家画的所有作品都具有相同价值。

南都：但很多人以为卖得好就是好的艺术品。大众应该如何提高艺术审美观，而不是被商业价值牵着鼻子走？

巫鸿：这也是可以理解的。但是批评家和美术史家应该对此进行解释。我的心态比较平和，卖价高肯定有它自己的原因，不一定要对这种现象反应过于激烈。艺术家创作出一定的样式和风格，在一定的时间里持续发展甚至有重复，也是相当普遍的现象，比如法国雕塑家罗丹的作品很有名，被人提及的有诸如《地狱之门》《巴尔扎克》《雨果》等精品。有一次我到斯坦福大学做演讲，参观该大学美术馆，他们有一个很大的罗丹作品收藏室，里面有大量的重复性作品，并非件件都是经典之作。

但若有商业的因素参与，情况就不太一样。我给曾梵志在上海外滩美术馆做展览的时候，我们有一个共识，展览中出现的应该是全新的作品。在这个展览里他推出一批我觉得相当不错的雕塑作品，他还在联合教堂窗玻璃上粘贴“玻璃画”，这属于自我更新，而不是重复。所以，对每个艺术家要具体分析，一概而论过于简单。历史研究者特别应该注意客观公平，一言以蔽之就不是历史了。

（2014 年 3 月 27 日）

许礼平：收藏完全随缘，志向仍在出版

颜　亮

许礼平，香港收藏家、出版人。1952 年生于澳门，20 世纪 80 年代创办问学社、翰墨轩，1990 年创办《名家翰墨》月刊、丛刊，著有《旧日风云》等。

蟾宫大厦，香港常见的单栋式商住大厦。1955 年落成的大厦，彼时是香港最高建筑，现今稍显破败。上到蟾宫大厦第二层，穿过几个小公司的办公室，便到了许礼平的翰墨轩。“翰墨轩”三个大字，是 1987

年开幕时由饶宗颐先生题写，夹杂在若干拥挤的招牌之中，也算得上是一种典型的香港特色。翰墨轩不大，外面是大厅，里面是许礼平的办公室。工作人员也不多，除了前台，便只见到许礼平和他的助理。所谓助理，其实就是许礼平的女儿，许礼平现在有意培养她慢慢接手翰墨轩的具体事务，但翰墨轩的业务却丝毫没有缩水。除了书画交易，许礼平从 1990 年开始出版至今的艺术杂志《名家翰墨》，因专业与严谨，备受业界推崇。2008 年前后，许礼平购得蟾宫大厦首层门市，近期他计划将一楼展厅与门市打通，并将出版业务移下去。对许礼平而言，出版，才是他的心头大好。

让记者颇为意外的是，原本以为翰墨轩作为一家书画交易公司，会有不少待售的名家字画，结果却几乎没有。听许礼平解释，他们现在做的大多是“熟人”生意，从中抽取佣金。从这个意义上说，翰墨轩倒更像是一个收藏同人机构。同当前内地很多纯资本运作的书画交易不同，许礼平的经营故事，更多透出一股浓浓的人情味，既是对人也是对物。

香港实际就是个中转站

南都：最近有没有参加什么拍卖会？

许礼平：去年年底，北京匡时有一场拍卖，拍钱化佛的东西，我过去了。那一场拍得很贵，大家都说是“佛化钱”。我看中了一件杨度的大对联，劝一个朋友买，但价格被抢高到很离谱，没买成。我倒是买到一件杨度的山水作品。杨度的画很少见，没什么材料可资比较，当时是有些犹豫的。后来看到实物，感觉画得很好，书法自然，又是原装原裱没有动过什么，这才放心。但也有人认为不对。确实很难判断，所以我们才能以不那么离谱的价格拿下来了。杨度现在的书法，特别一点的也动辄百万了。

南都：20世纪80年代中期，在海峡两岸及香港、澳门，书画的市场环境是怎样的？

许礼平：整个走向，就是内地的书画艺术品输入香港，然后由香港贩卖至欧美、日本及中国台湾。香港实际就是个中转站。当时内地的东西最多，价格也是最低的。台湾在20世纪80年代经济起飞，尤其是“解严”之后，整个社会开始开放，他们积攒了几十年没有出来花钱，一下就爆发出来了。当时人们形容台湾是“钱淹脚”，整个艺术生态很奇怪。当时有些台湾画廊开展览，“土包子”进去转个圈，就把全场包下来。有一阵子台湾一天就新开两三家画廊，但到90年代，市况变异，一年之内两三百家画廊陆续关掉，一下子又全都没了。

南都：最初你做翰墨轩时，出于怎样的考虑？

许礼平：最初其实并没想做这个行业，我们最早成立的是问学社，是做著作权授让的中介机构。但后来做下来发现根本不行，做这种版权中介所得，根本无法维持一个机构的正常运作。后来我想，当时我们最喜欢、最熟悉的就是书画艺术品，干脆也把它纳入我们的业务范围。于是在1987年登记成立了翰墨轩。

南都：当时香港像翰墨轩这样的中介数量有多少？

许礼平：著作权中介极少，没几家。书画的中介也不多，当时书画经营集中在集古斋。集古斋属出版系统，由港澳工委领导，1958 年开业，是当时全国书画业的总代理。像中国工艺品进出口总公司、荣宝斋、朵云轩、上海文物商店等，都是通过这个窗口在香港销售书画。当时各路英雄都到集古斋捡东西，展览开幕，要早早入场订购，先到先得，有不少书画被本地或台湾来的行家运到台湾去。

南都：翰墨轩当时怎么找突破口呢？直接去内地吗？

许礼平：我们没有去内地。其实，即便到了内地，文物商店挂出来的东西也都是大路货，而且价钱也并不见得比香港便宜，好东西没有挂出来，就算挂出来价钱也是高昂得很。听说要有关系才能买到好东西，我们哪有时间去搞关系，所以完全放弃。

我们在香港，主要还是到香港收藏家家里去，他们拿给我们，也有日本、新加坡的藏家拿东西给我们代售，都是近现代名家的书画，如傅抱石、齐白石、张大千、林风眠等的。我们也经销在世当代画家的画作，我们直接联系内地画家。当时内地画家画作价钱比较低，例如广东当时已相当有名的林墉，听说国家统收，一张30块。当时公务员月薪也就36块，所以这个价格也还是很不错的。但如果由我们经手，就按售价跟画家平分，按照香港行情，实际就是集古斋的定价，他卖6000块，我也卖6000块，画家就能分到3000块。

不过，我们没想到的是，集古斋虽定价6000块，但经常打对折出售，也就是3000块。后来是六折、七折。但我们也不受影响，坚持6000块一毛钱不减。所以画家也高兴跟我们来往，后来又慢慢代理了几个。但毕竟我们是小画廊，当时做得比较成功的主要是林墉、方楚雄两个，还有吴子玉以及吴的女儿吴美美、儿子吴泰等。我们也举办一些其他画家的画展，如黎雄才、赖少其、吴冠中等。

耳闻目染与判断力的提升

南都：这么看，当时还没涉及鉴定真假的问题。

许礼平：这些画虽然都是直接从画家手上拿，但我们还是会让他们签名，以免日后麻烦。当时我们有一套鉴定书制度，从翰墨轩出去的作品都会有一个鉴定书，上面有画家本人签名。有些画家去世了，根据不同东西，我们就找不同的人帮忙签，当时吴冠中就帮我们签了不少，黄苗子也帮忙签过。我们主要还是找马国权先生帮忙签，他把关非常严格，他说假的不一定假，但说真的就一定真。

我们有时收到一些作品，会拍很清晰的照片寄给启老（启功）、刘九庵先生，还有当时在香港的刘作筹先生，请他们看看。遇到各路英雄经过香港，我们也会请他们出出主意，这样减少犯错误。启老比较热心帮忙，有时候他觉得寄信太久，担心错失机会，就索性打电报来，说某件书画是好的，要我们不要放过。

南都：在书画真伪的鉴定上，你们有没有犯过什么错误？

许礼平：当然有。大的不会，都是小心在做，小的有时就很难了。但后来慢慢也出现一些问题，老先生们对近现代一些画家的判断也没办法，因为他们本来就不大重视这些画家，看这些近现代作品并不太多，像傅抱石他们就不太看，也有一些人不看黄宾虹。

这时候我们就只能对症下药，像黄宾虹是刘作筹的老师，刘先生对他非常尊敬，看的东西也非常多，所以能很仔细地看。还有黄宾虹的女婿赵志钧当时在杭州，有时候我们也寄一些作品的照片给他，他一看照片就知道作品出处，或者有什么来源、讲的是什么，或者是这东西不对。

这就等于是看专科医生，这个人负责咽喉，那个人负责心脏。在这个过程中，我们自己也在不断学习，感受前辈的各种经验，然后提升自己的判断力。最初是什么都不懂，但听得多了，见得多了，自然会有一种感觉。

南都：这种感觉具体是什么？

许礼平：有的作品，有的老先生拉开来一看马上就说是假的，另一幅一看就说是真的。这就是那种感觉，一拉开来就是感觉那种气息，也就是第一印象。随后就是仔细琢磨很多细的地方，比如说确切的年份等，会从很多方面去考虑。像刘作筹先生看东西，看得非常久，看完之后不讲话。有时候，还得把东西放一放等到第二天早上阳光好了再去看。在灯光下和在阳光下看东西，完全是两码事。所以在拍卖场特别危险，那个灯直射下来，真的似假假的似真，很容易看错。回到家里把窗帘一拉，阳光一照，哎呀！怎么这样子。

南都：老先生看画，除了依靠直觉，还有哪些呢？

许礼平：有时候我们请他们看，也很难都看原作，就看图录，像请启老看台北“故宫博物院”藏《惠风和畅》的扇面，他一看就说这个是仇英的。再比较另一家所藏的印刷品，也署名仇英，但启老说那个不是仇英的，是“仇人”的！我问启老何以说是“仇人”的，他说，仇英的画好像很工细，但其实他用笔很灵动、很随意，这幅画画得很细但很僵硬，所以不是仇英而是“仇人”的。这就是老人家有经验，通过画家的笔法来判断。

又有，像《心经》，日本和尚也写，中国和尚也写，平安时代和唐代在时间上又很接近，两者怎么区别？看的也是个别文字上的差异。我曾看过一张立轴，一个观音上面写着《心经》，署的款是中国画家的款。但用启老的办法看，发现这是日本人写的，观音也是日本人画的，中国画家的款，应当是后来填上去的。这些判断方法，都是启老自己摸索出来的，他不说我们不知道，摸一辈子都不一定知道。

有人情味的书画交易

南都：你们当时做书画交易，感觉人情味特别浓。

许礼平：从前的社会是人情味比较重，现在没有了，人与人的关系也在变化，书画行当也是如此。像张大千以前在台湾历史博物馆展览，他的朋友张建安当时人在日本，但一通电话，要捧场，就把张大千展览会卖剩下的书画都包了下来。当时张大千的书画价格就很贵了，所以也不容易卖。

过去我们办展览，一些新的画家，市场还不稳定，画作价位也比较高，有些老先生，像罗桂祥，维他奶的老板，他来参观，看到这个年轻画家的画还蛮好，就订下来，展览结束，同事送画过去，立即开出支票。罗老此举，我想也是当作支持一下我们这个小店。这些都不能说纯粹是买卖，都是有人情味在的。

当然，到后来，他们也获益。因为有些画家的画作到最后都非常贵，是当时展览售价的一两倍甚至十多倍。例如某君，曾经风光，后来经济出了点状况，当年捧张大千场的若干件书画，转让予朋友，其所得可以令他安享晚年。

南都：翰墨轩现在的经营模式是靠佣金作为收入吗？你们自己还销售吗？

许礼平：都有。有些客人拿来要卖的，我们会帮他卖；有些是要去拍卖的，我们也会帮忙送拍；有些希望我们帮忙掌眼，帮忙购藏书画，我们也乐而为之。但真正到拍卖，最后做决定的还是他们自己，我们并不能绝对保证所拍得的东西百分之百对，只是以我们的经验帮助客人少买错东西就是了。代客人竞投我们会收取些费用，但我们志不在这些“蝇头小利”。我们希望朋友收到的是好东西，积累若干年之后，整批帮他们处理，卖个不错的价钱，我们再分一杯羹，皆大欢喜。

现在很多人仍然有个美丽的误会，觉得拍卖行出来的东西都是真的。过去确实是这样，但现在许多大拍行已经讲明不保证真假了，所以即便去拍卖行也得靠买家自己判断。

南都：所以翰墨轩现在主要的客户，应该就是香港的这些收藏团体了？

许礼平：香港有好几个收藏团体，但我们平时跟他们来往并不多。做这行生意，就是随缘，我们的客户都是友朋之间互相介绍的。偶尔也有自己摸上来的。我们的态度是随缘。合得来多谈，话不投机则拜拜。

过去那些医生、律师，喜欢玩书画，等到年纪大了，也想把这些都处理掉，留一堆钞票给下一代比留一堆画好。有些东西我们也经手过几回，从 A 到 B 到 C 到 D，都是经过我们的手来来去去。这样我们也省事，因为早就做过鉴定研究，来龙去脉清清楚楚。

创办《名家翰墨》

南都： 你在 1987 年刚开始做翰墨轩时，应该也想不到今天会是这样的情形吧。

许礼平： 当时我其实就是想做出版，但做出版要钱，所以先从买卖书画开始。1987 年开了翰墨轩，1990 年我们才出《名家翰墨》。《名家翰墨》的定位就是中国书画类杂志，当时台湾有一些综合性艺术类杂志，但纯粹中国书画的好像还没有，香港的情况也类似。第一期《名家翰墨》做出来，好多人以为第二期就收档了，因为我们当时采用 157 克铜版纸彩印，成本非常高。结果我们一直持续做到了现在。

南都： 现在《名家翰墨》都是采用专号介绍一位画家，最初就是这样设定吗？

许礼平： 最初我们没有概念，每期有一两个主题。到第四期我们以李可染做主题，就把其他都剔掉，变成李可染专号，全本杂志都是李可染一个人；第六期我们又做了吴冠中专号。后来发现，这两期最受欢迎，于是就朝着这个方向开始做，像于非闇、贺天健、江兆申、陆俨少、黄宾虹，我们都做过。后来我们改成丛刊后，吴昌硕我们做了四本，傅抱石总共做了有十几本。

南都：你们是如何来遴选这些画家的？

许礼平：我们知道市场上需要哪些画家的资料，因为你要买他的作品，需要很多材料去比较去研究。当时很多画家的作品很热，但可参考的材料非常少。所以你看，我们很少出张大千，因为他可供参考的材料太多了，但傅抱石的就不多，所以我们就集中做傅抱石。

做画册，最重要的就是要摸清楚每张画的来龙去脉。对我们而言，这也是个不断学习的过程。我们做吴昌硕的书法，在浙江省博物馆拍完照，还得去保管室查每张卡，弄清楚每幅画的来龙去脉。但遇到有一组，就是他去世那一年（1927 年）的一堂四条屏，查下来发现是上海朵云轩收购的，并不是由吴昌硕的儿子、弟子送过去的。当时看来看去，觉得这四屏应该是真的，因为当时吴昌硕身体极弱，写得没有那么顺畅，那么神完气足，可以原谅，所以最终还是上了这堂四条屏。

但有一些像齐白石的，不同意见非常多，虽然我们刷了不少，但还是有一些误差，毕竟原件不在我们手里，看的都是底片。这都得非常小心的。

南都：做了这么久，有没有出过什么问题呢？

许礼平：有！第九期做傅抱石，当时傅家拿来的毛泽东诗意画 120 的底片较模糊，而苏富比刚收了一个册页，提供 4×5 底片给我们。当时我们请专家审定，专家觉得这套册页可能是 1966 年荣宝斋木板水印那套的原件，所以舍弃傅家提供的 120 底片，而用苏富比这套。书印出来之后，正好要到南京参加傅抱石纪念会，傅公弟子沈左尧看了，说这套册页有问题。画面皱巴巴的这种糅纸办法，傅抱石只在抗战时期试用过，中华人民共和国成立后就没有再这样画了。

当时这套册页即将在苏记拍卖，我们虽然只是借苏记的图来印，但也有误导读者之嫌。当即请沈先生写篇文章，分析批判这套册页的作假。回到香港后，我马上找到苏富比书画部张洪先生和朱小姐，告诉他们沈先生认为这套册页是假的，说明理由，并告以打算发表沈先生的文章，所以请他们考虑是不是收回不拍了。最后苏记撤拍，当时也引发了一些讨论。隔了两个月，才把沈先生的文章注销，避免苏富比尴尬。

南都：同拍卖行商榷，最终撤拍，像这样的情况现在怕很难再出现了。

许礼平：是，现在很多根本不理会了。

南都：前不久《功甫帖》之争，上海博物馆的专家主动出来说它是假的，这种情况应该很少见吧？

许礼平：确实很奇怪，一般博物馆的人最多在拍卖图录中帮忙写吹捧文章。在国外，很多博物馆专家都不愿意在拍卖图录上写文章，国内好像没有这样的规范。由博物馆专家公开说拍卖的某件东西是假的真是不多见。我看过一篇文章，文章中说，徐邦达在1992年《故宫文物月刊》发表过一篇文章，提到《功甫帖》过去是在上海博物馆。现在这件东西在美国拍卖，难免引起很多想象，或者是这个原因，所以他们就着急出来澄清。

有人说这是“文革”时抄家收来的。我想上海博物馆或许一直都觉得这件东西不对。如果他们觉得对，苏东坡的东西，有一件就是一件，这件东西就不可能流出来。我想这是他们一直以来的观点，就是这个东西不对，如果是对的话，他们肯定会扣住不放的。

南都：那你怎么看这件东西的真假？

许礼平：我们跟苏东坡没有交往（笑），没买成过他的东西，对他没有研究。上一辈人，像张葱玉、徐邦达都认为好，但上海博物馆的人认为不对。各有各的说法。我们是基本不碰老书画，也劝那些刚入行的人少碰。你花几百万、几千万甚至上亿，真金白银买下来的东西，话语权却在别人嘴里，你若没有百分之九十以上的把握，靠着几个顾问说对说错，是非常危险的。买自己看得懂的，比较容易被大家认可的，相对来说也安全点。小钱无所谓，但这是大钱。

自己的收藏

南都：这几年在内地，越来越多的人关注艺术品投资，艺术品的价格也是一路看涨，你觉得这是正常现象吗？

许礼平：这其实就是供求关系。几年前，苏富比拍卖陈其美的字，估的价位非常低，但有几个人一抢，也就抢到过百万了。有时得这样，如果真喜欢，咬咬牙，买下来，不然以后会后悔一辈子。什么叫行情？有些书画，遇到两三个头脑发热的，拍来拍去，价格就上去了，时间一长，它也就变成行情了。大部分画家的画作都是这样，大家拱来拱去，有时甚至还是非常偶然的，价格一下就上去了。

至于我们在拍卖场上，完全随缘，也很低调。毕竟现在跟过去不一样了，从前有很有天分却被埋没的艺术家，是因为社会制度。有人现在整天想找这种被埋没的有本领的画家的作品，但是这个时代已经过去了。现在稍微像样一点的都给抢得一塌糊涂。

南都：你接触过内地的买家吗？他们的路数跟你相似吗？

许礼平：接触过一些。有些是路数差不多的，但大部分买家跟我路数不同。过去有叫“洋庄”，现在有叫“大陆庄”者，就是在国内收藏圈流行的东西，海外一般不那么重视。这些画家名字不好说，一说又得罪一大片。常听说有些国内买家在拍场上无法无天，没有合约精神，往往举完牌就不再交接，手机一关，弄得拍卖行非常痛苦。我也听说国内有些买家，没有那么多钱，但还是举了牌再说，拍下来了再去张罗钱，张罗不到就只好不了了之。

还有一种拍卖行为是恶意捣乱。比如前几年在法国拍得圆明园兽首者某君不付款，还有一个律师团去那边做“骚”（表演），这些行为非常恶劣，严重影响中国人的形象，我经常说他们是“爱国贼”。别人会觉得你中华民族没有信用。

南都：你现在怎么看待收藏这件事？主要收藏什么？

许礼平：过去说，“人无癖好，不可与交”。每个人都有一种或多种嗜好，有人爱玩鼻烟壶，有人爱看电影。过去星期六，香港的医生、律师，很多人都去集古斋逛逛，看上了就购回家收藏。平时工作压力大，收藏也算是一种减压方式吧。当然，这也是得有闲钱的人才能玩的，不可能全民搞收藏。

对我来说，阶段不同想法不同。现在的话，我的收藏主要涉及近现代历史的一些文献，遇到合适的就会买下来。这些都是真正的第一手资料，也曾遇到研究者需要我手头上的这些资料，我也会大方地对他们开放。至于艺术类，张大千、傅抱石收不起，我会收一些比较冷门的，比如非画家类名人，像陈立夫、杨度、曾纪泽、杨联升这类政界、学界名人的画；还有对历史有杰出贡献的名人书法，例如丁汝昌、邓世昌的。能力范围内，尽力罗致，前人留下来的东西都非常少，需要有心人好好保存。

当然，这类宝贝都属于只进不出的，都是自己买来留着玩的。那么平日生意上进出的书画，大都是为人作嫁。市场上名头响一点的李可染、傅抱石、吴冠中，动辄几百万几千万，就算抢银行也要抢好几回才能买区区一件半件，我们怎么干得来呢。还是中介角色，帮人家整组地卖出，或整批买入，比较不担风险。

南都：你希望别人怎么来定位你的身份呢？

许礼平：有些人以为我是做古董生意的，搞错了。我们从来不经营文物，从来不卖缸瓦。20 世纪八九十年代我们经营画廊，搞展览，我们搞的最后一次展览是“2004 年傅抱石百年纪念展”，其后不再搞了。到现在也一直不搞展览，只是提供展品，让其他博物馆去搞，如广东省博物馆、北京鲁迅博物馆等友好单位，用人家的钱来办展，自己不花费分文，有时还有些微进账，何乐而不为呢？我们门面现在一般不卖画，只卖书，卖我们出版的书。

所以你问我的定位，想来想去，我觉得还是说自己是做出版业的比较合适，毕竟主要精力、人力都在编辑、出版上，至于做书画交易，也只是学罗振玉，以书画利润来养出版。不过现在出版也能赚点钱了，很多人都在找我们的书，慢慢就能稳定一点，也能再生产，继续再出版了。

（2014 年 5 月 8 日）

韦力：藏书是对雅文化的亲近

黄　茜

韦力，1964年生人，藏书家，被认为是中国民间收藏古籍善本最多的人，收藏有七万余册古籍善本。现为故宫博物院兼职研究员、中国嘉德等数家拍卖公司学术顾问。著有《古书收藏》、《书楼寻踪》、《芷兰斋书跋初集》、《芷兰斋书跋续集》、《古书之美》(合著)等。

韦力的藏书楼位于京城西南四环的僻静小区。五百平米的书房，由两套寓所合并而成。室内陈设简略，不用水火，没人时断电断气，为了防盗，安装了红外线扫描装置。主人韦力极为慷慨，取下价值高昂的书籍任记者翻阅，并不怕污损了古纸脆薄的经纬。每部书附有专属的小小名签，注明丛部、书名、作者、版本、册数和纸张。比如明代汪廷纳撰《坐隐先生全集》三种十八卷，名签上写着："'自著'类，明万历三十七年汪氏环翠堂刻本，竹纸，一五八册，芷兰斋藏。"韦力介绍，这部书的稀见之处，在于刊刻了中国首张版画，用到传统水墨各式线条和皴点。另一部明内府彩绘本《春秋五霸列国志传》，页内插画由矿质颜料绘成，历经数百年依然神采宛然，艳丽无比，令人惊叹。

韦力藏书讲究"四部齐备"，同时杂而且专，侧重活字本、稿抄校本、殿版书、碑帖和印谱。韦力藏书不为"转鬻计"，他藏而不卖，收书纯粹出于天然的喜爱之情。三年前，他开始为自己的藏书撰写书跋，结集为《芷兰斋书跋初集》和《芷兰斋书跋续集》出版。对韦力而言，藏书并非"单纯冷静的学术研究"，而是"对传统文化、雅文化切肤之感的体验"，"今天各种雅的东西，人们都会去亲近它。孔子曰‘富而好礼’。一个人活到酒饭足之后，会本能地产生出思想，产生出对自身文化的肯定。这种肯定的表现方式，即是对本民族传统文化的庋藏”。

韦力是商人，也是藏书家。从商或许是“俗事”，藏书却是“大雅”。问起“芷兰斋”室名的由来，韦力说：“有个朋友来我家，说‘你这里一屋烂纸’。‘烂纸’二字调过来，谐音‘芷兰’。我记起范仲淹《岳阳楼记》里有‘沙鸥翔集，锦鳞游泳；岸芷汀兰，郁郁青青’的句子，就把藏书楼命名为‘芷兰斋’。”大俗与大雅，总能在他这里巧妙置换。

收藏古籍善本逾七万册

南都：你的藏书楼有藏书多少册？

韦力：我到今天为止不知道确切数字，一直陆陆续续收藏，没有做过系统统计。2003 年，因为非典出不了门，我发誓要把自己的书目编出来。一边编书目，一边写提要。这件事做到今天，大约做完了四分之三。总数没有算出来，现在统计到了七万多册。

南都：这么多的藏书，大致分为几个类别？

韦力：我藏书的分类比较杂，并不专藏一类，而是以“四部齐备”（中国古籍分经、史、子、集四类，称“四部”）为追求。当然也有侧重。首先是收藏活字本。中国是活字发明国，但中国流传下来的古书，百分之九十五以上是刻本，真正的活字本只占百分之一到百分之二，比例极低。因为很稀见，我把它当作专题来收藏。我这里活字本有九百多部，是国内藏活字本最多的地方。

第二个专题是稿抄校本。稿抄校本是稿本、抄本和校本的合称。稿本是作者的手稿、草稿、誊清稿等。抄本是古人的手抄本。古时候没有复印机，如果有一本书很稀罕，你想得到，一种方式是把书借给你，你自己抄一遍，一种是雇书胥，即有钱人请人专门为他抄书。这就形成了一个抄本系列。校本就是批校本。之所以注重批校本，涉及中国特殊的文字缺陷问题。汉语是以元音发音为主的语系，很多字同音不同义。同音不同义，会导致传抄时理解上的错讹。此外，因为抄书人的水平问题，他抄的时候看不清，以为应该是某个字，就给改了，改了又不注明；或者是抄着抄着抄串了，少了一段，之后就不断曲解这句话，这样产生很多错讹。所以古书变得很复杂。因为文字表达的是作者的思想，文字有讹误，就会导致误读。这就需要校勘来恢复古书的本来面目，因此产生了批校本。批校本是中国独特的品种，也是藏书家收藏的重点。

南都：除此之外，你的收藏还有其他的重要专题吗？

韦力：我另一个收藏的专题是殿版书，即明清内府的刻书。以前内府刻书不受藏书家重视，因为它是官刻本，很少有人读。但是，它在版刻艺术上很有价值。皇家是最有钱的，刻书的时候，用的是最好的木板，找天下最好的刻工，用天下最好的纸和墨来印刷，是那个时代里印刷术最高水准的体现。

还有一个专题是碑帖和印谱。碑和帖其实是两个东西。碑是刻了以后给逝者立的碑，是为了纪念死人，而不是为了让你拓了作为字帖来用。帖拓下来就是为了给你用的，因为古代没有复印技术。比如你看到王羲之的一幅书法，但没有办法复印了给大家一人一份。怎么办呢？就用双钩法把它摹下来，刻在石头上，拓了以后分给大家看。碑帖收藏是中国传统收藏的一个大项，对我来说也是个重要专题。这个专题里还包含了印谱。印在秦汉时就有了，但是作为实用工具来用的。作为艺术的刻印是从元代开始的。印学是中国艺术上的分支，西泠印社这样的中国最高印学机构都会藏印谱。

南都：关于你的收藏，什么是你的收藏重点呢？能给我们说说具体的例子吗？

韦力：就说稿抄校本吧。稿本我重视的是经学家的稿本。经学当中的稿抄校本和批校本是我收藏的重点。比如校本里的跋，跋语最有名的是“黄跋”，即黄丕烈（清代藏书家、校勘家）的跋。在黄丕烈之前也有很多学人写跋语，都是校勘性质的。自黄丕烈开始，系统地将生活里的一些细节，比如得书经过、得书之后的感受等，全部写入了跋语。我们现在有个文体叫“书话”，就是从“黄跋”发展而来的。到了晚清民国，很多藏书家致力于收藏带有“黄跋”的东西。“黄跋”被国家列为一级文物。我手里就有三部“黄跋”。

跟他相对的是“顾批”，即顾千里的批本。顾千里和黄丕烈是同时代人，黄丕烈一直请顾千里在他家校书，后来又推荐顾千里到杭州的诂经精舍，与段玉裁一起校勘十三经。顾千里对古籍主张“不校之校”，即是说，古人的错误，你不要改过来，错就错着，自然有人看出来这是怎么错的。如果你改了，就变成你理解的意思，根本不是原文的意思，反而误人。很多古书经过顾千里的校勘，恢复了原来的面目。他用各种方法推论，这个字应该是什么，但他不改过来，只是在后面出校记。其实这是种很客观的做法。就因为这样，后世看重“顾批”。“顾批”也是一级文物。我这里也有一部。

藏书经历

南都：你为什么喜爱藏书？从什么时候开始古籍收藏的？

韦力：我对传统感兴趣，跟我爷爷有点关系。他是清代的秀才出身，从我五六岁开始照看我，直到十一二岁。

真正接触古书，大约是1983年。北京开了第一届“古旧书市”，就在现在的琉璃厂。开幕前门口拉着线不让进，我们一直在外头等。到开业那一刻，人们“哄”一声往里跑，疯抢似的，一个劲儿地往怀里抱。先占上一大堆，等静下来再慢慢挑。那时的售书方式很奇怪，不分好坏，不分版本，一律五毛一本。我因为完全没人教，也不懂版本，只会挑那好看的。今天看来，那些书都没什么价值。为了那个书市，我将在学校吃午饭的钱省下来，攒了很长时间。那届书市我第一次买了那么多书，花了175块钱，对我来说，是一笔巨款。那么多书拎不动，我就把书捆成四捆，刚开始是双肩各扛两捆，没走出多远，双肩勒出血道，只好两捆两捆拎着走，走出五十米放下，再回头拎剩下的两捆，边走边回头看，怕被别人拎走了。

南都：搞古籍收藏必须要有强大的经济支撑，你是怎么做到的？

韦力：后来书价越来越贵。我感觉到，要想买得起书，就必须有钱。要想有钱，就必须想办法往经济部门靠。所以，大学毕业以后，我找关系进外贸单位，因为以前外经外贸部是最火的部门，挣钱也最多，但相对收藏，收入还是有限。后来又找关系到三资企业工作，三资企业工资高。我到三资企业当了总经理，工资一下子飙升，因为工资是外方来发。那是一个美国、中国台湾和大陆三家合资的企业，我才二十六七岁就到那个公司当了总经理，月薪3800美金，要知道，那时我在公家单位的月薪是138元人民币，这138元已是包括了各种收入的总和。所以，三资企业的收入，让我觉得真是天文数字，还有年奖，第一年年奖就是5万美金。

南都：你的藏书主要通过什么渠道获得？

韦力：1993年之前，国内没有古书拍卖会。所以得书的渠道只有两种：一种是私人，包括书商和藏书旧家；一种是古籍书店。古籍书店系统很特殊，以前中国的大城市都有古旧书店。1954年开始搞公私合营，按照规定，每个城市的所有私营书店要合并为一家。比如北京，原来琉璃厂总共有一百多家旧书店，最后合并为一家叫“中国书店”。上海的四马路，也就是现在的福州路，当初也有一百多家旧书店，合并为“博古斋”。到私人那里收购旧书是偶然的，长期买旧书，只能到古籍书店。

1993年，中国书店举行了第一届“古书竞买会”，叫竞买，不叫拍卖，原因是当初没有申请下来拍卖执照。1994年，嘉德公司成立了，一开始就有拍卖古籍的项目。嘉德的古籍拍卖是由一个叫拓晓堂的人搞起来的。直到今天，全国有几十家公司在拍古籍。

南都：有了拍卖之后，你还能通过以前的渠道获得心仪的古籍吗？

韦力：古籍拍卖彻底改变了古籍流通的格局。刚开始我也很不接受，因为价格太贵。我当年从私人、古籍书店买，比在拍场上买便宜多了。当初嘉德在天津艺术博物馆举办巡展，用很多玻璃柜展这些书。每本书上标个牌，写着多少钱的底价。那时候也不写多少万，而是在数字后边写好多个零。我一看怎么那么多零，就跟工作人员说："你这个是不是没点小数点儿？"三万一点小数点不就成三百了吗？工作人员特蔑视地看着我，说："就这价！"搞得我无地自容。出来以后，我觉得这些人真是发疯。这些书我在古籍书店买，就几百块钱。他现在卖几万，我觉得他们全是骗子。

几年以后，很多古书的卖家也意识到，我这书要是卖给古籍书店，只能卖个一二百块，拿去上拍，却能卖好几万。他们就不卖给古籍书店了，全部拿去上拍。古籍书店也突然意识到，我摆在架子上卖，几百块人家还嫌贵，要是拿去上拍，一拍就是好几万。于是古籍书店也不零售了，好书都挑出来给了拍卖行。拍卖行变成了吸金石，把好书都吸进去了。从此以后，想捡便宜也捡不成了，古籍书店不卖给你了。逐渐地，要想买好书，就只能去拍卖行。拍卖行既吸引了卖家，也吸引了买家，变成了主渠道。

南都：你在拍场上拍到过一些什么好东西?

韦力：我的程甲本《红楼梦》就是在嘉德拍卖场买的。《红楼梦》原名《石头记》，最初是靠抄本流传。它的第一个印本，即程伟元用木活字印的第一个本子，我们称之为“程甲本”，红学家极看重。我在拍场举到一百九十多万，加上手续费两百多万。上午拍卖，下午到故宫去开会，因为我是故宫博物院的兼职研究员。开会时，马未都正好坐我旁边。他见我第一句就问：“上午嘉德拍了一个程甲本，你知道吗？”我说：“知道，我买的。刚买完就上这儿来了。”他问：“多少钱？”我说：“两百万。”他说：“哎哟，怎么这么便宜。我觉得怎么也得五百万、八百万的。”我说：“为什么呀？”因为马未都不藏书，我想知道不藏书的人的看法。他说：“你想想，天下人谁不知道《红楼梦》呀。这是《红楼梦》的第一个版本。”我想，哦，原来这事儿这么看，心里就觉得舒坦多了。因为当时底价才八十万，举到那么贵，气得我够呛。听马未都一说，心里豁然开朗。

我不用书赚钱

南都：现在你还去拍卖现场竞买吗?

韦力：现在我基本不去现场了，主要通过电话委托。前些年上拍都是自己到拍场去买。在拍卖现场，能掌握谁在买什么，避免互相恶性竞价。后来为什么不去了?因为在这个过程里，大多数人混成了熟人、朋友。我因为读儒家经典读得中毒了，习惯于“温良恭俭让”。如果朋友说“这个我要”，我决不好意思再跟人家争价。但是，好多朋友都来打招呼，那我就没法买了呀!这个你要，那个他要，你们都要了，那我干什么来了?与其如此，我还不如不去，靠电话委托。我也不知道谁要买，该争就争，如此也避免了尴尬。

不去拍场的第二个原因是：现在拍场进了很多有钱人。他们并非像我这样，走了十几年弯路。我当年买了很多残本，没有价值的，糟了很多钱，就这么一点点走入正轨，变得有了眼力。现在的这些人特会取巧，他没有眼力，但可以借眼力。他认为韦力眼力好，就坐在后边看着你举，无论我举多少钱，他再加一点，就可以买到。比如一件东西，从一百万举到三百万，他觉得肯定值三百万，不值的话韦力就不举了。

当每个人都这么干的时候，要不我就拼命地争，比如本来举到三百万就可以了，但现在非得举到四百万才能买到。我会白花很多钱。要想不白花钱，就只能眼看着都让别人买走。我在库里研究、查资料、查证，费尽心思研究半天，你啥都没干，就把东西拿走了。所以，我现在都是通过电话委托，拍场上的人也不知道哪个电话是我。但是他们也会不断地猜，这个号肯定是韦力，要跟他争。有时候真的是误猜，因为根本不是我。拍卖并不仅仅是竞价的过程，也是斗智斗勇的过程。

南都：刚才你说买书走过很多弯路，到现在变得有了眼力，在这个过程中，有没有受人指点？

韦力：我开始藏书的时候，研究古籍的书很少，就那么几部，也很难买到。没人教我应该怎样藏书。从历史角度来讲，虽然号称百年无废纸，但其实书依然有普本和善本之分。怎样去鉴定某部书是普本还是善本，没有门径。

当初我在天津搞三资企业，有一个人对我的教益很大。那位老先生叫胡玉璞。天津有个旧书店叫“文运堂”，店面不大，我常去挑着买。有一天，柜台的老先生，大秃头，胖胖的，八十岁上下，跟我讲：“孩子呀，我看你挺喜欢这个，要不你进里头来坐坐。”他把我带进一个斗室，里头堆满了各种线装书。老先生说：“我看你一直在买书，但是你买得不对路。不是所有的古书都有价值，有价值的必须是善本。善本是个特殊的概念，你要懂得这个，不然白花好多钱。我告诉你哪些书是有价值的。”

我当时懵懵懂懂，就是对这个东西天然喜爱。他从架子上拿了两部古书来，说：“这两部书就是善本。”我记得那是王世贞的集子，康熙刻本。我问他多少钱，他说：“两千块钱。”我说：“外头的书才几百块，这两本怎么卖两千块呢？”他说：“好东西从来不便宜。但是，只有好东西才有价值。”我一摸兜里，还有这钱，就给买了。这件事对我的影响很深。认识这位老先生之后，我经常去他那儿，每次他拿几本给我看，我也每次都买点。过了大半年我才明白，他是让我从清刻本买起，一点点往上买，一直买到明末、明中期，再到宋代的刻本。

南都：从藏书家的角度，你会看重一部书的哪些方面？

韦力：我藏书，第一个着眼点是内容。从内容角度上讲，我觉得经学最重，即便经学在今天还没达到应有的地位，早晚也是要重新回归的。

第二个着眼点，要看它的作家。作家当然要大名头的。大名头的名著，好的版本，或者大名头的名著，失传的版本。

第三是看重版本的好坏。按照“国家文物定级标准”，以乾隆六十年为限，乾隆六十年以前的，称为善本。这种分法有点武断，但是操作性很强。清学的形成，即所谓“乾嘉学派”，真正出成果，是在嘉庆、道光之间。那已经是乾隆六十年之后了，因此这个分期将很多重要的名著排除在外。我自己的藏书，除重善本之外，也重视这个时期的东西。

第四是重递藏。一个个的名人递藏，都通过自己的藏书印、题跋留下墨迹。这些痕迹，丰富了书内在的文物价值，也丰富了其学术价值。很多批语、研究成果都在这些墨迹里。名家递藏的书，自然价值就大。

第五是重品相。品相是两个概念。第一是指初刻初印。为什么看重初刻初印？一个作者自己在家里刻了一部诗集或者研究成果，刷印之后送人或卖了，初版就在家里放着。过了若干年之后，他发现自己某个观点不对，要修改内容。比如第二本的第几页到第几页错了，他就把这几页的板撤出来，再找人重新补刻几块，刻了以后再刷。这就导致某一本书的初版本和后来的版本很不同。品相的第二个小点，涉及书的外观。比如翁方纲的《复初斋诗集》原稿，为什么成了这样的散页？因为这部书藏在翁同龢后人家里的时候，天津发大水，把书给泡了，泡成散页，品相就差了。书籍也讲究艺术美，品相是艺术美的一部分。品相包括是不是原装，是不是原函，有没有破损，是否有虫蛀。

最后一点，就是我自己是否有存。因为我不做古书生意，一旦有了，就不要了。除非我要换。除此之外，我不会刻意买重复的书。不像做生意的人，为了某部书会尽量把价格买起来。我不反对炒作，因为人都需要赚钱。书也是商品，也可以用来赚钱。我不用书赚钱，并不比别人高尚，因为我也从别处赚钱，不赚钱就买不到书。我这么做的原因是，自己已经在社会上混得红尘滚滚的了，人的心里总要有点没有那么多纠结和利益的地方，总要有点干净的地方吧，书对于我基本属于精神寄托的范畴，我不想把它又看成一堆堆的钱来存着。我就喜欢它，我就买了它了，别人觉得值不值，我已经不在乎了。

古书的鉴定

南都：读过你的《芷兰斋书跋初集》，考证一本古书的递藏故事和藏书人的身份来历，似乎是一件很有兴味的事。

韦力：我很在意某本书的递藏。递藏的好处是，能让你知道某本书的来源，并且对书的可靠性是一个确证。书籍在古代也有很多造伪。比如名家抄本贵了，书商也会模仿着造。造出来的假书，流传到今天很难鉴别。因为从造的时候起，到现在也有了百年历史。但是，那个时代的那个藏书家，跟名家是当世人。他肯定不会藏假书，除非他打眼了，但这概率很低。为什么在乎名家藏的东西？因为基本上他已经替你掌过眼了。

南都：你在递传的考据上应该也下了不少功夫吧？

韦力：西方的递传是靠藏书票、签名来表明书主。中国则靠藏书章。一部书的藏书章，是从书页的右下角开始，一直往上打。造伪的人不知道，把章往中间打，一打之后，时间就不对了。比如一个明代人的章打在清代人的章的上方，那么就知道这书的递传过程是伪造的。同时，不同的时间还用不同的印泥，明代的印泥要比清代的深，民国的印泥比清代的浅，这是时代风气使然。伪造时很难找到不同时代的印泥，印泥的颜色打出来都一样，你一眼就能辨别这是假的。明初的时候，为了防备印泥被蹭了，打上印之后，用一种滑石粉往上一撒，印泥就干了。但滑石粉含铅，铅与印泥产生化学反应，会产生黑边。凡是明代早期的印，都有黑边，因为当年宫里头基本上都是撒滑石粉的。你现在打着宫里的印，但完全没有黑边，就不合那时候的制式。要总结历代用印的制式、方式和好恶，用综合的因素来判断这个印是真的还是假的。一种印从风格上就是伪造的，一眼能看出来。另一种印是古印，人死印不烂，他拿真印往上打，但印泥会有问题。总之有这么多钤印的规律，印泥的色泽，刻章的好坏，好多因素，综合看待，八九不离十，能断出来印的真伪。

南都：你现在是许多拍卖行和机构的学术顾问，请你谈谈古书的鉴定。

韦力：搞收藏是个实证科学。实证科学是“眼学”，通过见的多少、知识积累来形成“眼力”。它的思辨性差一些，实证性强一些。搞收藏就必须多多地看。我们的图书馆善本部是不让你随便翻的，因为都是文物。可是你到图书馆去当所谓的专家，就让你看了。国家图书馆成立了一个“国家古籍保护中心”，聘请了一些专家，我是其中之一。国家图书馆系统地培训各个省、市图书馆的善本部主任，我曾在那里授课，这样就混了个脸儿熟。比如我去湖北省馆，要看某个东西，主任总不好意思说不给我看。但是，平常人没那么多的机会，没有这样慢慢积累的过程，也就没那么高的鉴赏力。

这就像建立一个记忆笔迹。比如我俩长期在一块儿相处，你经常给我写信，我经常给你写信。有人有一天拿着你的借条来了，说：“韦力，你给过谁谁谁一百万块钱。”我瞥一眼，即能知道借条的真伪。我一看，说是假的。其实没有为什么是假的，就是太熟了。认字迹就像认一个人的面庞似的，它细微的差别，是用语言形容不清的。但是，你依然有内在的把握。

这个内在把握是什么？就是你对这个人的熟悉，你与他长期的交往，你跟他相濡以沫的共事，你对他任何细节的熟知，所以远远看一眼就知道是不是了。这就是搞鉴定。

（2014 年 5 月 15 日）

艾轩：中国油画还有很长的路要走

黄　茜

艾轩，油画家，出生于1947年，诗人艾青之子，被誉为“中国当代写实派”。其作品几乎全部以西藏的山水、人物为题材，画风细腻。作为一位个性特征鲜明的油画艺术家，他的作品被中国美术馆、日本福冈美术馆等国内外艺术机构及私人藏家广泛收藏。代表画作有《第三代人》(与何多苓合作)、《若尔盖冻土带》、《雪》、《又清又冷的空气》等。

艾轩的画室是一幢秀气的二层小楼，采访那天，艾轩穿着大裤衩和拖鞋跑下楼来迎接我们。画室里架着两张正在创作的油画，画的都是艾轩“标志性”的藏族小女孩，水汪汪的眼睛，乱蓬蓬的头发，惹人怜爱的样子。其中一张大约是定制之作，刚打好灰白的底稿，漫不经心地放着，另一张却已色彩妩丽，生动传神，是画来留给自己的，很下功夫，“光那堵墙就画了一个多月”。画架旁颇有气势地立着两盏在专业摄影室才能见到的高挑照明灯。艾轩每天早晨天不见亮就开始作画，这两盏灯的光线可以用来模拟日光。

艾轩早年在央美附中学画，素描和造型基本功极佳，后又受到美国画家安德鲁·怀斯的影响，在细节刻画和抒情表现上功力精湛。藏族姑娘琼白是艾轩最心爱的题材，以她为模特的肖像画，艾轩已画了二十多年。斜倚的女孩睁着黑漆水灵的双眼，无辜而迷惘地看着世界。也许艾轩在她身上看见了自己幼年的样子，孤单、忧闷，被成人世界所忽略或忘却，身边只有一只小狗做伴。

1984年，艾轩和何多苓共同创作了名画《第三代人》，艾轩也把自己归为写实油画的“第三代”画家。这一代画家既受过苏派绘画的严谨训练，又接受了来自全世界的经典油画的影响，在绘画技巧和丰富性上远胜第一代和第二代，代表着中国油画发展的巅峰。但是，在艾轩看来，中国画家还根本“够不着”技术含量极高的西方大师，譬如委拉斯凯兹、伦勃朗、维米尔，中国画家想画好油画，还有很长的一段路要走。

和父亲艾青的关系比较疏远

南都：你1947年出生于河北深县小李庄，父亲是著名诗人艾青，能先讲讲你的家庭吗？

艾轩：我父母生我的时候有矛盾，他们觉得我是个多余的孩子。我上头有姐姐和哥哥，他们已经够累的了。我出生时正值解放战争时期，1949年年初，我父母跟着各自的单位先走了，是部队的保育院把我从河北深县小李庄带进北京的。进城以后，渐渐长大。从小就住幼儿园，住学校。我对幼儿园的生活感觉特别好，比在家里好多了。1954 年我父母离婚以后，日子就更不好过了。父亲又娶了高瑛。他俩老打架，你都难以想象，怎么半夜“哐哐哐”北屋就打起来了。屋里灯都黑了，有人喊救命，跑进去一看，头破血流的。他俩好的时候特别好，打的时候又特别狠。在这种状态下，日子过得很恐怖。九岁的时候，我干脆离家出走，到天津找我妈去了。

南都：你父亲后来被打为右派，这件事情对你影响大吗？

艾轩：因为有档案跟着，走到哪儿，人家都知道我是艾青的儿子。“文革”时期我爸爸是全国的顶级右派，也就是反革命分子。从小耳边就听见别人老在议论，知道“艾青”是不太好的一个词儿。

我 1963 年考入中央美院附中。在附中念书的时候，附中的教师都是文艺界人士，对我父亲也比较了解。领导开会谈到历次革命啊，俞平伯啊，说到胡风的时候，大概是 1955 年的事儿，我就赶快起来上厕所，因为知道下边就该说到1957年了，1957年就要涉及丁玲、艾青这些人。1957年反右派运动在文艺界很厉害，而我爸爸和丁玲是文艺界最著名的、路人皆知的右派。等到上完厕所，估计1957年说完了，我再回来。

1962年，我母亲改嫁给一个革命干部。我母亲自己也是革命干部。他们俩加起来的正分，抵消了我父亲的负分。所以我很感激我的继父，如果没有他，我人生的很多路就不会是这么走过来的。我跟我继父的关系比跟我父亲的关系要好多了。我和继父共同生活了五十多年，我和我父亲只生活了七八年，后来就没有再多来往。

当然，无论是反右派，还是到现在，我父亲红了，黑了，我都是他儿子。他是1979年平的反，1996年去世，还落着十几年的好日子，变成了“红色诗人”。实际上他不是右派，而是左派。他后来反对写朦胧诗的那些人，顾城、北岛、舒婷……说人家不把事儿说清楚，让人看不懂。其实朦胧诗没什么可指摘的。因为诗歌并非要去讲清楚一个故事，有时候它是表现一种情绪，一种心里很微妙的感觉。我自己也写点朦胧诗，都是自我内心的反射。

南都：你写的诗给你父亲看过吗？

艾轩：没有。我不敢给他看，也没有这样的机会，我后妈(高瑛)老在旁边看着我。我和父亲见面的时候，旁边总有人盯着。我跟我父亲，从小到大没有深谈过一次。现在探监的人还能通过麦克风说半天呢，我跟我父亲从来没有。我没有这个资本。我后妈很厉害，老在旁边看着，“差不多吧，该走了”，老这么说。弄得我很紧张。

我父亲好多事儿没跟我谈过。但我想，他其实有很多话要跟我谈。因为他看了我的画，应该知道，儿子画成这样，比他当年在法国画得好多了。我在美国做展览，展览后出的画册他也看了，还留着，看着画册他还哭。他还找来认识我的人递话儿，让我去看他。

他对我后来有些认识。他说他在我小时候对我不好，很愧疚。但我始终没有机会与他交流。他也是一样。否则他为什么哭呢。他一看这个孩子出息了，怎么画出这样的画来，这些画里边蕴含着什么东西，他想知道。

安德鲁·怀斯的影响

南都：你开始画画是受父亲的影响，还是天生爱好？

艾轩：我从小就喜欢画画。最开始和所有的小孩一样，看小人书，画点骑马打仗的人物。考上中央美院附中后，按部就班地学习素描、速写、色彩。1969年，我和同学们一起下放到张家口蔚县的农场，在那里待了四年。那时候，画画算是资产阶级业务。干完活儿，几个人凑一块儿，挤在一个小屋里互相画，今天你画我，明天我画你。被别人看见以后告发了，把我们作为典型批评。

从此不敢明目张胆地画，只能偷偷地画。开会的时候，我就画旁边那人。上头在作报告，我假装记笔记，实际上是在画旁边人的耳朵。这耳朵哪个地方是脆骨，哪个地方是肉，观察得一清二楚。光是耳朵我画了好多，以至于我现在耳朵画得特别好。除了耳朵，还画侧面的鼻子。两年以后解禁了，重新允许画画，大家就带着纸笔到农村去，找老乡画像。空闲时间也是一屋子一屋子在那儿画，因为每个人画画都需要光亮，屋子里点了一圈煤油灯，那种气氛还是很有意思的。

南都：后来，你去了成都军区创作组，从那时候起就开始画藏区了？

艾轩：我在成都军区创作组画了十一年。开头的任务是画红军，画红军长征，得到长征的路上去看，看当时的人的状态，藏民的样子。任务完成以后，就可以画些藏民。就从这里开始画藏族人，画比较孤寂的荒野。在西藏地区，人和自然的关系很残酷，也很动人。在强大的自然面前，人非常脆弱。尤其是那些女孩儿，因为自然环境太恶劣，她们美好的那一面极其短暂，比城市里的人保持稚嫩和青春要困难得多。恶劣的气候，不断的暴晒，暴风雪一来“哐”地打在脸上，冰雹、大风，往来都是瞬间的事。所以，画里的人物难免有些无奈、孤独，充满了对未来不可知、对命运不可判断的哀愁。

南都：在成都军区“命题作文”式的绘画和你后来的创作方式大不相同，是什么促成了画风的转变？

艾轩：这种转变其实是从四川美院得来的。20世纪80年代初我到四川美院拜访，认识了何多苓这些朋友。我当时有个固定的概念，即画画是要有主题的，但何多苓他们却把画画变成个人情感，要抓住一朵花、一个闪念，把它画出来，不问故事情节，也不问主题，我感到很惊讶。后来醒悟了，绘画就应该这样，就表现一个瞬间，这个瞬间涵盖了一个人的教养和学养，对人生的态度，对音乐感的理解，对诗意的理解。

从那时候起，我的画风就开始转变，成熟了。后来又受到美国画家安德鲁·怀斯的影响。安德鲁·怀斯在美国的地位相当于中国的齐白石，非常有名。他的画法，跟我们所学的苏联的画法不一样。苏联的画法是摆几块颜色，漂漂亮亮的就可以了，不用再往下画。怀斯则把人画得特别精细入微，他有很多很多的细节可以展示。

南都：1987年，你在美国办展的时候拜会过怀斯，还记得当时的情形吗？

艾轩：我在美国纽约哈夫纳画廊办画展，怀斯的儿子到纽约来，看见我的画，回去跟他说："有个中国人，画的画跟你很相似。"怀斯就想见见这个中国人，于是托画廊老板来问我。我一听，怀斯想跟我见面，这太好了！画廊老板跟我一起去的宾州，去了五个人，开的是一辆加长的凯迪拉克，他们跟我说："去见怀斯，我们都沾光！"那时候怀斯已经七十多岁了。到了以后，怀斯说："你的画是参看的照片，美国很多画家都这么画，但你跟他们不一样。他们是抄照片，你是用个人情感去驾驭照片。"我听了很高兴。因为怀斯是画写生的，他知道一个人这么待着的动作肯定不能长，一定是拍照片的。参考照片不是错误，一百年前，列宾他们都参考照片。关键看你怎么对待照片。用你的思维去驾驭照片，效果会不一样。"驾驭"这个词最重要，这也对我们当今的青年人是一个启示。怀斯就见过我一个中国人，他从不离开他的庄园，纽约他都不去，也没出过国。

南都：去美国不到一年就回来了。为什么？

艾轩：在美国我去博物馆看了很多画，潜移默化中对我有很大影响。之后就不能再待了。美国毁人。中国非常有才能的画家，很多都折在了那儿。因为在美国，艺术没有自由，为了挣钱，美国人要你怎么画你就得怎么画。我们先跑了，剩下想坚持的，最后只好跟资本家投降。为什么？房租、煤气、电话费……账单雪片一样地来，要不就到中央公园去给人画像去，跟要饭的一样。

本来跟我签了两年，但我一年就回来了。那个“包养”我们的资本家挺有眼力，他原本来中国谈石油和天然气生意，生意没谈成，弄了几个中国油画家回去。他找了好几个人，陈衍宁、王沂东、王怀庆、我，我们四个人先去，杨飞云后去。但杨飞云也很快回来了，他也发现美国不是画画的地方。但我们还挺感谢那个资本家，他让我们开了眼。我们回来之后，马上又去藏区，去体验当地的生活，接着画下来。

我画里的颜色是不遵循法度的

南都：你画一幅油画的过程是怎样的？

艾轩：先画一个草图。带着草图到藏区去，根据草图去拍照。草图是源于生活的，但回来之后要高于生活。先画出图式，根据图式去找人，找得着人就幸运，找不到人就点儿背。找到人之后，带她到你希望的环境里，抓好光线，拍些照片。回来再组合、拆接，把那个人的鼻子安在这个人的脑袋上，再把另一个人的头发借过来，这样来回组合，最后组成一张画。

回来以后作画，先画小素描稿，再画小色彩稿。转移到油画画布上时，打底子，铺颜色。铺颜色是按照苏派的方法，讲冷暖关系，大的面，大的色调，大的构图，大的比例。弄好了以后，开始深入。这时候怀斯的感觉又回来了，在细节部分不辞繁缛。不再按照苏派的冷暖关系排列，比如脸上的蓝色、冷光，可能是情绪化的。然后你再往里面深入。深入的过程就不好用言语表达了。可是观众想听的，就是“你怎么深入的呀？”。

有的人说，“我深入不了”，或者“我一深入就脏”，或者“你在脸上画蓝色，我一画蓝色就突兀了，不协调”，这就看个人的修炼程度，需要长期的、坚持不懈的探索。

南都：我注意到你的画面上色彩的细节相当丰富，衣服、草地、脸颊……

艾轩：这个东西是天赐的。别人画颜色，都是慢慢地铺下来，冷暖冷暖地交替。我画里的颜色是不遵循法度的，自己也觉得很奇怪，别人看着还挺舒服，问：“你这个是怎么弄的？”你瞧这孩子的脸上好多色，包括她的头发，晕开很多颜色，刚才你说的时候我就想起这个地方……退一步远看呢，它还挺协调。有些人模仿我画画模仿了二十年，从来不能做到像我这样，又严谨，又深入，颜色还特别丰富。一般人画着画着就突兀了，蓝的特别蓝，红的特别红，要么就脏得一塌糊涂。因为他不会拿颜色去深入。后来有人干脆放弃了。我这个颜色神出鬼没，变化得比较奇怪，连我自己都是跟着感觉走。

南都：这么多年来，你为什么持续不断地画同一个地方相同的人物？

艾轩：因为这体现出你想表现的一种形象。每个人慢慢会把形象归纳起来，形成审美的模式，渐渐地你画谁都像这孩子。形成模式以后就很难改变了。比如黄胄画的驴，徐悲鸿画的马，他画出来永远是那个样子。包括田黎明画的那些姑娘，大眼睛，木讷的表情，他就老画这个，大家也没有非议。有模式，好的方面来说是面貌清晰，不好的方面来说，就是个性不太强。你忍不住想，是不是要有些新的形象呀？其实未必。像莫迪里阿尼，他画的男男女女都长那样，大长脖子，眼睛那么勾两下。林风眠最没趣，他简直别无二致，女孩往那一坐，斜挑眼一勾就完了。如果中国有一百万个人画画，画出一百万个模式，看起来不一样丰富吗？没必要一个人一定要画出多少样子来。相反，一个人盘踞一个风格、一个模式，反而更好一点。盘踞好了，比左道旁门的好，不似掰玉米掰一个扔一个。你看张晓刚画的人都一样，你要他画一个完全不同的洋人，他还会不适应。

“第三代人”

南都：1984 年你和何多苓共同创作了著名的《第三代人》。请谈谈这幅画的创作经过。

艾轩：我和何多苓很谈得来，也都对古典音乐、古典文学感兴趣。何多苓非常有才气，谈吐幽默，所以我们之间很“扣手”，经常在一块儿聊天。我回北京画院以后，两个人还老写信。《第三代人》是 1984 年的作品。主体思想就是“我们来了”。老一代画家看了很恐慌，说：“你们来了，你们要干什么？”所以这件作品虽然让展出，但是没评奖。画里用了翟永明、张晓刚、周春芽、何多苓自己、建筑设计师刘家琨……这些人只是模特，但他们代表着整个这一代人起来了。这幅画其实没太多政治含义，但气势上让人有点发怵。有趣的是这张画里的人以后都还挺有成就的。

南都：中国油画取得的成绩和西方经典油画相比如何？

艾轩：我在西班牙普拉多博物馆看到委拉斯凯兹的

《宫娥》之后，极度震撼，买了一张印刷品。印刷品和原作差很远，但还是有点原作的影子。很多人拿这张画来改，毕加索也把它拆解、异化，但原作漂亮极了，没有能赶上它的。到今天为止，全世界画家没有一个能够超越委拉斯凯兹的。

到了我这个年龄，看的画已经太多了，各国的美术馆、博物馆都去完了，中间感觉很纷乱，但慢慢筛选筛选，也就剩那么几个。我觉得委拉斯凯兹是最好的，伦勃朗的自画像很不错，很厚实，包括维米尔也是。这些技术含量高的画家，中国画家现在根本够不着。他们的感悟、基本功能力、技巧，都是中国画家不了解的。太难了。中国画家有时候模仿，也只能模仿到皮毛。所以中国画家想画好油画，还有很长的一段路要走。

南都：你曾说徐悲鸿的油画是“土油画”，为什么？

艾轩：据我看来，写实油画的发展分为三个阶段。第一个阶段是“法派”，即徐悲鸿、李铁夫、颜文梁那一代人。他们正好赶上当时的野兽派、立体主义等风潮，也受了影响，但是西方顶峰艺术的精神和表现手法，他们都没学会。回到国内以后，由于中国的色彩有自己的一套，所以他们的油画越画越土。所谓“土油画”就是没有冷暖，没有颜色，不像油画而像水粉，而且还是没有颜色的水粉。

中华人民共和国成立以后，大量的留苏人员在苏联学习油画。他们大概把苏联基本的内功学到手了，但高级的创作技巧，比如列宾、谢诺夫的手法还是没学着。回到国内画的油画又成“土油画”了。这批人以罗工柳为代表，包括马克西莫夫训练班的学员。他们画的油画，代表写实油画的第二代。靳尚谊是这一代人里表现最好的，因为他的素描好，造型能力很强，所以他始终没有往下出溜。其他光是注意很激动地摆点颜色的人，年纪大了以后，颜色感觉退化，造型能力又不够，艺术就垮掉了。所以，第二代油画家，在色彩方面把中国油画向前推进了一步，但在造型上没把最好的东西拿回来。

现在就是第三代人。第三代人是最“凶恶”的。这一代人都是学院训练出来的，受过苏派的熏陶，学的是契斯恰科夫教学体系，基本功都很厉害。同时又受到了世界各国优秀艺术品的影响。这代画家阵容相当强大。四川人有句话说，“这帮人很凶险”，就是指能力很强，又有些势不可当的意思。像刘小东画的《白胖子》《烧耗子》，这些画受了弗洛伊德影响。何多苓最开始画的《春风已经苏醒》和《青春》《老墙》，都是受怀斯和苏联绘画的影响。杨飞云又受了欧洲古典油画的影响，他研究了很多欧洲古典油画，他的油画里的“油画味儿”比“法派”和“苏派”的要浓。冷军又是“超写实主义”，他的写实能力已经到了奇幻的地步，他是在挑战照相机。你可以不喜欢他，但你不得不承认他是世界第一，在写实方面没有人能超过他。古典大师不这么画，他们不会画那么细致的东西，只要颜色漂亮，造型准确，讲究用笔、用光，在细微处没有到冷军那样细腻得连毛衣的毛孔都画出来了。像刘小东、阎平这样的画家，强调的不是写实，而是一种感受。阎平是个女画家，她的大作品非常厉害，画戏班子，画得酣畅淋漓，男人都画不出来。王怀庆画的又是冷抽象，学养很高。

这些人都是百花齐放，很丰富。单从写实的角度来说，也比前辈们在整体上要厉害得多。

南都：你现在工作状态是怎样的？

艾轩：上我这个岁数的人，通常睡得少。六点半开始画画，工作到大概八点，楼下阿姨就叫吃饭了。吃饭的同时，跟我在纽约的媳妇儿微信。微信一小时以后，上楼工作。从九点半画到十二点半，上午加起来能工作四个小时。中午回家吃完饭睡觉，睡到两点半。然后再到工作室来，耗在这儿，喘喘气儿，看有没有劲儿，有劲儿就画，没劲儿就打电话、看电视，这都是重要的生活内容。然后逛商店，晚上跟哥们儿三五成群地聚，喝酒吃饭，谈天谈地，谈艺术，谈政治……

南都：逛什么商店？

艾轩：什么商店我都愿意逛。我不会上网，只能逛商店。主要是油画工具店、国画工具店，再就是逛拍卖行。我收藏了几千张老照片，清朝的、民国的，还有老信札。我自己手里就有好多，何多苓、周春芽、陈丹青他们给我的信……现在都是很重要的，哈哈。

以后搁在那儿就升值了。还有怀斯给我写的："致艾轩，对你的作品表示最高的敬意。别忘了我这个美国朋友。"

我不是一个专一的收藏者。不像画画，专门画一种油画。收藏是我看着好玩就买来了。我曾买过一包第二野战军南下的照片，花了四十多万，买回来往柜子里一扔，都没打开过。好多照片现在都不知道搁哪儿了，多极了。本来我想买来画老北京，有点功利主义。后来没有时间画，还是画我的西藏，就算了。

（2014 年 7 月 9 日）

戴敦邦：我很满足于做一个民间艺人

颜 亮

戴敦邦，著名国画家，生于1938年，江苏镇江人。擅人物，工写兼长，多以古典题材及古装人物入画，形象生动传神，画风雅俗共赏，主要作品有《戴敦邦水浒人物谱》《戴敦邦新绘全本红楼梦》《戴敦邦古典文学名著画集》等，连环画代表作品有《一支驳壳枪》《水上交通站》《大泽烈火》等。

在上海见到戴敦邦先生时，他正在画《道德经》。

这是一个野心极大的计划，他正在创作第七十二章和第八十一章，内容设定为领袖人物对民众要平易近人，这样才会受人爱戴。2011 年，因为要加急创作《纪念辛亥百年人物谱》，戴先生每天得工作七到八个小时，以至于画完之后，他的右眼竟慢慢看不清东西了，左眼视力也岌岌可危。因为视力原因，戴先生现在已经几乎无法画小幅人物，平日里只能画像《道德经》这样的大幅。也不敢多画，每天也就一个多小时。《道德经》涉及不少人物形象，戴先生也已无法再上街观察，他的办法是看报纸上的彩图。亲戚朋友从全国各地寄来的报纸，被戴敦邦一张一张压在画上，逐一借鉴，这也成为戴先生与画室外这喧闹世界的极少联系之一。

因为报道需要作品图，我们问戴先生是否有作品留存，好拍些照片。从艺半个多世纪，戴先生创作了不少令人印象深刻的古典文学形象，但令人意外的是，他竟一张都未曾保留，不是给了出版社就是送了人，戴先生说起来，也毫无半点留恋之心。

“我不认为我是个连环画画家”

南都：你是从什么时候开始画画的呀？

戴敦邦：20 世纪 50 年代初，我在上海敬业中学念书。解放初期，同学们课余绘画热情都很高，加上各种政治运动，经常要画墙报、黑板报，所以画画机会也比较多。当时有个叫毛用坤的同学，比我高两届，人物画得尤其好，我是受他的影响一点点开始画画的。

当时完全是自学，画着玩，有时也投投稿。当时画画，不像现在，这个派那个主义，我们就是跟着形势走，从抗美援朝开始，各种政治运动都画过。当时我的功课也不是特别好，初中没毕业就进了上海艺术师范。没多久，上海艺术师范被政府撤销，并入上海第一师范。在第一师范读书时，我开始在报纸上发表些小图和短篇连环画。

我的绘画道路就是从自己生活的阶层开始，不像现在的年轻人，追求艺术创作、表现。我就是因为家里经济条件不好，靠着这些投稿得到些微稿费解决一些伙食费问题，是为了生活而走进这个圈子的。

南都：那时候，报纸刊登的插画都有一些什么题材？

戴敦邦：什么题材都画，大到帝国主义，小到生活琐事，插图跟着文章走。至于我们年轻人，主要画一些儿童题材。我因为没有受过正规的学校绘画训练，又要靠画画来养家糊口，只得靠自己努力摸索，才走上了专业道路。在我们这辈人中，像我这样的情况非常多。我们就是在实践中学习，报社要什么我们就画什么。当时自己也会看看书，怎么画速写，注意一下怎么素描，也不是说一点都不注意。

当时中国画是很不吃香的，被视为“封建余孽”，是供地主、士大夫消遣的。所以当时中国画完全没空间，政府重视的是连环画，花大力气在推。政府要你画，画了出版有稿费。为了解决生活问题，画中国画里但凡能画人物画的，基本都转过来画连环画了。像刘继卣、徐燕荪这些大画家，中国画造诣都非常深，那时候都开始画连环画。这也是为什么那一时期连环画水平高的重要原因。

南都：中国是什么时候开始有连环画的传统的？

戴敦邦：现在有些人把连环画拔得很高，在青铜器上也找出了连环画，山顶洞人也画过连环画，好像祖宗越早越好。连环画最主要的特点，还是一种寓教于乐的教育方式，它贴近老百姓的日常生活，大家看得懂，好接受。但除此之外，我觉得连环画跟其他画种并没有太大区别。

但现在很多人想把连环画单独拎出来办展，我看是办不成。连环画毕竟是个小东西，它除了得把故事说清楚，其他的跟大幅画并无差别，并没有一个特殊的连环画形式。所以不会有画家专门画连环画，我自己也不认为我是个连环画画家，但你让我画我也能画。连环画就是一种表现形式，只要把握得好，连环画也能画，中国画也能画。

南都：你一开始是向报纸等媒体投稿，包括后来的《少儿画报》，报刊对作者绘画速度的要求非常高，这些对你日后创作有无影响？

戴敦邦：年轻时到报社，一个好处，就是能让你一下接触到许多大艺术家。我当时在艺术上也没经过太多磨炼，但这些大艺术家接待我，不像大人接待小孩，而是平起平坐，将我视为朋友。虽然大部分时间，我都是帮他们跑跑腿，送送东西，但正是这种近距离接触，帮我打开了眼界，让我知道他们是怎样创作的，潜移默化，受益无穷。

正是在这时，我认识了张乐平先生(漫画“三毛”形象的创作者)。他对我影响非常大，可以算得上是我的启蒙老师。我当时跟张先生是同事，都在中国福利会下属的儿童刊物工作。张先生对中国福利会有特殊感情，中华人民共和国成立前他们就有合作关系，所以他对我这样的年轻人都是平等相待，把自己的艺术创作心得毫无保留地告诉我。

南都：他有哪些心得对你影响比较大呢？

戴敦邦：影响是逐渐的。有段时期，他要到北京开会，很多他画的东西后期都是我在帮他收尾，弄好了直接交出版社。这样我就可以直接看到他的原稿，了解他画画的一些细节。张先生相当于是手把手在教我，这种感悟是一般人很难达到的。我平时也会向他提很多问题，他有很多经验，包括怎样画速写之类，在闲聊之中，他会告诉我应该怎样，潜移默化中对我有很大影响。

画法与报社的经历

南都：在画人物画方面，你觉得最难画的是什么？

戴敦邦：刻画精神面貌。精神面貌要表现动态，动态抓不准，静态就表现不出来。这也是人物画最重要的东西。而且中国画特别强调神似，西洋画虽然也有神似的地方，但有很多技巧上的东西，特别华丽、真实。因为工具受限，中国画的人物画在这方面达不到西洋画的地步。但各有各的长处，现在中西方逐渐交流融合，我觉得这也挺好的。

中国画绘画有两种：一种是大写意，讲笔墨；还有一种是像我这样的，比较重视工。之所以有这种区别，也是由于题材的差异。我这种气势上不如大写意，但是很具体的，而且一般老百姓都能看懂。

南都：很多人讲因为你并没有系统学过绘画，所以很多时候学习都是从模仿开始的，比如模仿贺友直先生，这是怎样一个过程?

戴敦邦：传统的中国绘画学习第一步就是临摹。西洋人讲究的是写生，但中国传统的是师父带徒弟，师父给你发个稿子，徒弟就临，先临后摹，循序渐进，不管什么画种，人物画、山水画，都是如此。甚至不光是绘画，但凡是中国传统技术工作，诸如表演、唱戏，全都如此。

我认识贺友直先生比较迟，当时在报社请他组过稿，但是不多。我也请他画过画，当时也看过他是怎么用笔的，受过他的影响，但我没有临摹过他的画。贺先生也是延续了中国传统的白描画。在当时，连环画的白描是比较传统的。贺先生的《山乡巨变》，用白描画故事，画得很生动，所以在当时影响非常大。

我是顺着《山乡巨变》的源头去找，最后找到陈老莲（陈洪绶），他的白描我是全部都临过的，还有其他一些山水画，我也曾临摹过。这样顺理成章我就把握住了中国传统白描的构图方法和造型。

南都：好像你也曾系统临摹过任伯年的东西，这是什么时候？

戴敦邦：我非常崇拜任伯年，任伯年和陈老莲我是在一个时期学的。我特别喜欢任伯年的人物画和花鸟画，他的画既有传统的东西，也吸收了岭南画派这样比较新的、写实的东西，他不是完全的大写意。我们这种绘画属于小写意的兼工带写的，所以对我来说，他的很多东西都用得上，能够比较容易吸收。在人物刻画上，任伯年画了很多道教人物，也画了一些底层市民，对我来说也比较能产生共鸣。

陈老莲画得比较工，任伯年还有一点小写意，但任伯年显然还是吸收了不少陈老莲的东西，毕竟他们也相差了几百年。我把临摹任伯年、陈老莲视为一种传承，再向前推就推到壁画、漆画，一路下来，我把它看成一条线。任伯年是我们近代的，我比较崇拜他，一个大画家，但他也不说自己是个画家，更多说自己是个艺人。可惜的是，他吸毒，一个非常有才气的画家，一吸毒就完蛋了。

南都：这时期你主要临摹的是白描作品，在 20 世纪 60 年代，你出过一本叫《红色街垒》的连环画，在里面对黑白色彩运用非常大胆。这是不是可以说是你自己风格形成的开始？

戴敦邦：当时在刊物里，各种画法都要画，没有那么多想法。当时这个小刊物就我们两三个美工，图非常多，你不可能一本刊物只用一种手法的。所以我们每个人都要学各种方法来画，制造出一种琳琅满目、非常多风格的感觉。所以我们这些在刊物里做过的，都是多面手，什么都能来几下，工笔、白描、水墨、水粉、水彩、铜版画都能画。

但你要问我当时有没有形成自己的面貌，那肯定是没有。我自己真正觉得有些面貌是在“文革”结束之后。“文革”结束后，我到北京去画《红楼梦》，这时才一点点想到我要有自己的风格，以前没有，也不可能有。

报刊就是这样，因为要求快，一定要求快，数量多风格也多，包括我们写美术字呀、画图案呀，都要很快。锻炼得扎实也有好处。但是也比较浅，没基础。所以到老了再补课就有点儿晚，现在再画素描，没基础。

敦煌让我上了一次大学

南都：没有素描基础的话，有时候画起来是不是也吃力一些？

戴敦邦：当然吃力，你画一些切割、透视、解剖，尤其是涉及严格写生就比较困难。小的还能混过去，变变形就行了，放大就麻烦了，讲究的是真功夫。我也知道自己将近八十的人了，人生也就到了，眼睛也不行了。这辈子一个最大的遗憾，就是自己没有受过真正的绘画基本功教育，画很多东西都力不从心。现在也没有谁叫我画，委托我画，但我还是每天都画。这就好像是在心里给自己弥补，每天就在想，要把这个画画好，也没有什么其他的想法。我想这些东西（采访时，戴敦邦正在画《道德经》)也不一定能画成功，《道德经》这些东西非常高深、博学，而且很玄，玄的东西你要用具象来画很困难，我完全是按自己的理解在画。年轻时，没机会画这些东西，现在我利用晚年时间来画，也算是一种慰藉了。

南都：刚刚讲到你追溯白描的源头。你在整个创作过程中其实追溯过很多源头，诸如汉画像、浮世绘，还有敦煌。这些东西你是怎样糅合起来的？

戴敦邦：刚才我说，因为工作需要，任何东西都得涉及，所以每个东西都得看一看，学一学。我也一直强调绘画创作内容和形式一定要吻合，我画《陈胜吴广》时，会有意识地选择一切确切的陈胜吴广时期的特点，包括汉代的陶器、纹饰都会尽量利用一下。我在画《长恨歌》时，则会多借鉴敦煌的东西，找一些盛唐的素材来做背景。每个朝代有它特殊的东西传下来，我都会有意识地去学，这是我特别强调的一点。

我的白描也不太正宗，正宗的白描我也画不了。矛盾就在这里，我没有什么是非常专业的，正宗的工笔我也不行，正宗的白描我也不行，正宗的大写意我也不行。你可以说我有特点，但也可以说我没什么特点。

南都：你是什么时候去的敦煌？

戴敦邦："文革"结束之后，我被调去北京画《红楼梦》，当时是蔡若虹先生主管美术工作，我就跟他说："蔡老师，我想去敦煌看看。"他说"可以啊"，让我写份报告给他。后来组织了北京、天津、辽宁和上海将近二十个画传统绘画的人一起去。从北京出发到郑州，经过甘肃，从酒泉、嘉峪关到了敦煌，部分人还去了新疆，后来再回来到天水、西安、太原、大同。一路下来，把中国的艺术宝库都看了一遍。

我们在敦煌待了半个月不到。当时条件非常差，不像现在的学生，可以拿着大画板临摹，我们都是小的速写。但我们画得非常认真，都是趴在地上画，里面没有灯，也不让带灯进去，只要我们能看到的东西都会认认真真画下来，最细小的东西都会画。现在那里都装上了玻璃，人跟画都被隔开了，当时我们可以很近地接触，现在是不可能了。

南都：敦煌的这次机会对你的影响大吗？

戴敦邦：让我上了一次大学。这一路看下来，我真正觉得中国的民间艺人非常不容易，非常伟大，中国辉煌的艺术史离不开这些民间艺人。当然，中国也出现了很多著名的艺术大师，但总体来讲，中国这部文化史是离不开最基层的这些无名的民间艺人的。

走完这一程回来，我就自动把自己划为民间艺人中的一号，这些人这么伟大，这才是真正搞艺术的，这是我第一次用民间艺人做思想上的解读，做艺术的解读。也是这次回来我才坚定了以后要画传统题材的思想。

传统题材是我一直都在画的，《红楼梦》《陈胜吴广》都画过。但这之前，人的思想没有那么明确，追求的目标，自己想走什么路、亮什么旗帜都不清楚。但这次是坚定了这一点。所以我现在对其他题材都不感兴趣，人家请我，我会拒绝，因为我只是一个民间艺人。这次敦煌之行对我的影响，不仅是艺术上，最重要的还是做人，都定下来了。

如何画文学名著

南都：你在20世纪70年代末，为什么会被调去北京画《红楼梦》，当时是因为什么要开始画《红楼梦》？

戴敦邦：当时“文革”刚结束，外文出版社准备出版杨宪益、戴乃迭翻译的《红楼梦》。这个项目本来“文革”前就打算做了的，结果一直到“文革”结束后才实行。

至于为什么让我画，具体我也弄不清。按理说，画得早的，画得好的，上海就有程十发和刘旦宅，他们不论从哪个角度看都比我强。但最后没有请他们，而是请了我。我个人推测，可能也是因为当时“文革”刚结束，他们年龄都比我大，或者还有些问题没解决，所以不适宜请他们画。我当时比较年轻，问题也比较清楚。让我这个没什么知名度的，专程从上海到北京去画，我自己是非常震动的。

南都：那从这种大部头的古典名著中去画人物，文与画的关系你怎么把握？

戴敦邦：画第一卷的时候根本不需要考虑这些问题，画谁，怎么画，什么表情图案，外文出版社都规定死了，而且都是根据毛泽东的指示。毛泽东非常关注《红楼梦》这本书，所以《红楼梦》一直都是显学。我去北京画的时候，也很清楚这对我来说是一次很好的机会。但我也怕犯错，所以当时拜访了很多红学家，像启功、周汝昌我都去拜访过。这相当于又进了一次大学，他们告诉我怎么分析人物，怎么把握《红楼梦》的时代背景，应该怎么画，都推心置腹地告诉我，我当时四十不到，他们都六七十岁了。到北京后，我意识到这相当于给了我一条路，做中国传统的古典文学研究，后来就真的走下去了。

南都：《水浒传》和《红楼梦》在创作时间上是不是有交叉？

戴敦邦：是有的，《水浒传》在中央电视台找我之前我就画过，全本都画过。我很早就开始画《水浒传》，是1959年，在一个儿童杂志里面开始画的。当时刚好又找到了陈老莲的《水浒叶子》，于是我开始全身心投入临摹《水浒叶子》。前前后后临过几遍，悟到了很多东西，尤其是陈老莲笔下人物性格的夸张对我启发很大。后来我把水浒一百单八将都画了出来，然后又把《水浒传》的插图都画了一遍。

这本书出版之后，中央电视台才找到我。当时《红楼梦》《西游记》《三国演义》三个电视剧拍好了，最后在总结的时候说，《水浒传》的人物造型和刻画较其他三个还可以有所提高。后来导演是根据我的造型去找的演员，再化装，最后我也跟着沾了光。

南都：《红楼梦》和《水浒传》创作时间交叉，那这些人物会彼此影响吗？

戴敦邦：借用道家的阴阳之说，《水浒传》是完全阳的，阳刚之气，该出手时就出手，杀人放火；《红楼梦》是阴的，里面大多是女性，男主角贾宝玉也等于是一个中性的人，还有一些男性，基本上都是配角。所以在交叉画这两部书时，我觉得是阴阳搭配，画了《水浒传》之后再去画一些很柔软的、细微的阴阳调节的画。

除了《水浒传》和《红楼梦》，我也画过《西游记》

和《三国演义》。《西游记》浪漫点，带有神话色彩；《三国演义》就画得浓重一点，毕竟它是基于历史事实。总之，画这种历史题材，如四大名著，我比较重视内容和形式的吻合，尽量找到符合内容的表现形式，有的用了工笔画，有的学学敦煌壁画等，都是为了表现内容和形式的统一。至于个人风格有没有明显的抒发，有没有被强调，我都不太会考虑。哪种形式好就用哪种形式，这东西不适宜我就换一种形式。我至今还是这样。

南都：为古典文学作品画这种画像的话，会不会有不过瘾的感觉，毕竟题材和场景都受到限制。

戴敦邦：不过瘾，怎么说呢？实事求是来讲，时代能给你的就是这样的条件。你不能说我想怎么样就怎么样，这不可能，而且我是处于社会比较底层的人，没当过什么领导，也没做过什么官。我始终很满足于自己民间艺人的身份。所以我觉得能画一点，拿一点报酬改善生活，就蛮好了，仅此而已。创作上不能满足也是会有的，但又能如何？因为我的生活圈子就是这样，我这只蛙就在这个井筒里面，还能怎么样？

对民间艺人来说，自我感觉是非常重要的。没这种东西，他们几十年也做不成东西。在有些人看起来，他们做的可能真的一文不值，但这都不重要。我现在也是这样，一方面我眼睛不好，出去不方便，我跟上海的绘画圈子也多不来往，人家说我怎么样我都不在意。

南都：随着你年龄、身份的变化，对画的这些人物的理解有没有什么变化？

戴敦邦：基本上没太大变化，除了我现在手不灵，眼睛不灵，生疏点儿，我对每个人物都已经界定了，每个人物的个性、外形也基本上都定了。不只是大人物，也包括小人物，我闭着眼睛都知道他长什么样了。我画《红楼梦》一百二十回画了好几遍，每个人挑出来一个个画，所以我对每个人都清清楚楚，这点我还是很自信的。

南都：后来画《金瓶梅》是你自己想要画还是有人委托？

戴敦邦：《金瓶梅》到现在都还没出版。当时也没有人委托我画，《红楼梦》《水浒传》画好之后，对我来说还是有点意犹未尽。要真正全面地表现中国古典文学名著，《金瓶梅》是绝对不能错过的。首先，《金瓶梅》和《水浒传》是延伸的关系，《金瓶梅》的主要人物西门庆和潘金莲，在《水浒传》中都出现过；其次，《金瓶梅》完全地展现了宋代宣和年间社会的方方面面，尤其是社会底层人物。

一般小说的主角往往都是把忠臣良将、仙人仙女作为主要人物，《金瓶梅》写的却是底层人物的故事，把底层人物作为主角，将封建社会的现实生活血淋淋地撕开了，这个题材正是我最想表现的。画好以后，出版却成了问题，一直审查不过。毕竟《金瓶梅》的书现在都是删节本，更何况是画。但我始终强调我不画删节本，整部作品我都要画出来，它是一个非常完整的作品。

南都：1992 年，张乐平先生去世时，你曾经回忆，他疾病缠身的时候跟您聊得最多的就是他如何变法，创作新作品，乃至突破画种局限的问题。这是怎么一回事？

戴敦邦：因为“三毛”这个儿童形象，现在大家都把张先生定位为一位漫画家、儿童画家。我认为这是不准确的，张先生的目的，是通过这个儿童形象来把当时整个社会的不公表现出来。所以你不能把它视为一个儿童艺术作品，在我看来，它其实更是一个成人的大作品。很多人都不同意我这个观点，觉得我是看不起儿童文学读物，其实完全不是这样的。安徒生的童话是童话，但它更是一个文学作品，是属于全人类的。三毛也是如此。

我觉得张先生的艺术技巧是非常全面的，他是一个绘画上的全才，是一个拿得起放得下的人物。对这一点，张先生自己也心知肚明，但是后来他的社会地位让他也不能多说什么，别人称他是儿童画家，他也只能被动接受。所以到了晚年，他觉得有很多东西他其实都能画，也都能表现出来，但是却画不了，很多潜在的东西都没发挥、贡献出来，最后只能局限在儿童绘画和漫画上，这是他的苦衷。

（2014 年 7 月 24 日）

孙晓云：中国人对书法的审美融入骨血

颜　亮

孙晓云，生于1955年，国家一级美术师，博士生导师，享受国务院特殊津贴，书法“兰亭奖”评审委员。她的书法作品曾七次获全国书法大奖，专著《书法有法》创书法理论书籍销售量最高纪录。出版有《孙晓云书法作品精选》《中国当代名家书法集·孙晓云》《中华国学德育经典·孙晓云书〈大学〉》等。

孙晓云是江苏美术馆的馆长。这座体量巨大的现代美术馆，坐落在南京市市中心，不远处便是南京“总统府”。

孙晓云有显赫的家学，古文字学家朱复戡先生是她的外祖父，她从小便在母亲的悉心指导下练习书法，奠定了至关重要的童子功。此后时代变迁，“文革”“上山下乡”在她身上也留下深深烙印，但未曾变过的就是对书法的坚持，从未断过。

“我们这代书法家可以说非常幸运，完整地经历了三个时代，首先是只用毛笔，然后是毛笔和钢笔并用，到现在毛笔跟日常生活几乎没有什么关系了。”孙晓云说。但毕竟书法和毛笔现在已经处于“末法时代”，必然对当代书法家提出新的要求。这种新要求，在孙晓云看来，就是对“法”的坚持，即对“传统书法”的坚持。在“传统书法”背后，孙晓云看到的是中国传统文化传承的危机。

听孙晓云聊当代书法，并没有什么云山雾罩的大理论，她讲的“书法”非常平易近人，比如说，她爱用她最爱的“织毛衣”来比喻书法，因为很多时候，它们都是一门技术活，是协助人寻找自我的拐棍而已。

书法的"三个时代"

南都：你外祖父是古文字学家朱复戡先生，你的书法启蒙也是从你母亲开始，这种家学传承对你的书法学习影响有多大？

孙晓云：不能回避，有一些遗传因素，我从小就对书法感兴趣，从三岁开始写字。当时很多字都不认识，就是照着样子临，依葫芦画瓢。也没有谁逼我，天天都非常自觉地写，我现在五十九岁，写了五十六年，几乎没有断过。

从小写字让我解决了基本功的问题。我母亲当时教会了我写字的基本方法，同时教我辨识文字的间架结构。就像一门手艺，干了这么多年，不熟也熟了。不管是两只手写字，还是反方向写字，我都是从小自然会。这也让我对汉字的造型非常敏感，哪个角度偏一点，笔画长一点，短一点，都不一样。所以自己的体会也特别深。

其实写字也只是我小时候的众多兴趣之一，最开始也没想过会干这行，到现在，我也没想过要当一辈子书法家，要一直写，我可能退休以后也会干些别的，自己爱选择什么就选择什么。

不过像我这样经历的人也很少了。我经历过三个时代，第一个是基本用毛笔写字的时代，当时写作文都是用毛笔写在小格子里；第二个是钢笔和毛笔并用的时代，20 世纪六七十年代写大字报，既写毛笔字，也写钢笔字；现在工作生活直接是网络、视频、键盘，甚至进入“云”时代，跟毛笔是一点关系都没有了。在书法史上，我们刚好处在这样一个交接点，在短短半个世纪就有这么多经历，这么多变化，而我恰恰生长在这个时代，还是蛮幸运的。

南都：“文革”时写的字，应该主要是大字报吧？

孙晓云：“文革”也算是我学习书法的一个机遇。1966 年“文革”开始时，都是用毛笔写大字报，铺天盖地地写。当时我在学校里，天天抄大字报，每天都花大量时间练习。后来稀里糊涂地就掌握了很多东西，诸如书写的速度、悬腕、行楷之间的转换。日书万字都没问题，这都是童子功。

后来到农村插队，写得就更多了，在什么地方都写，纸上、墙上、地上、篱笆上、屋顶上、堤坝上，到处都写。当时最大的字能有一个房间那么大，我是把石灰倒在大扫帚上，在堤坝上涂出来。现在是不可能再有这样的机会了。当时我在农村是文化站的站长。无论是写新闻稿、总结，还是写剧本、标语，每天都在和写字打交道。

“文革”结束后，我在部队图书馆工作，借着工作机会，看了大量的字帖、书论和艺术理论这方面的书，每天有目的有计划地写字。当时开始有书法展览和活动，我就参加，慢慢地为越来越多的人熟识，逐渐就走上了这条路。后来我从部队转业到南京书画院，也不用上班，每天就待在家里，看书写字想问题。从 1980 年年初一直到 90 年代初，那时我刚有了孩子，这段时间非常安静，两耳不闻窗外事，集中精力把很多小头绪都理出来了。《书法有法》就是在这段时间里写的。

可以说，没有那段时间，我就不是今天这个样子。我现在的境况跟当时可能不一样了，还有许多行政工作。但有一点我一直在做，就是认真对待每张作品，尽量想着把它们写好。

南都：整体来说，在中国书法史上，其实女性书法家并不多，到了近代以后才开始出现一些。性别对写字本身会有什么影响吗？

孙晓云：时代的标准不同了，过去社会对女人的分工不一样，女人不是社会型的，而是家庭型的，被要求在家里相夫教子。即便对文人家庭的女子要求“琴棋书画”，也不会把她拎出来和男子相比，充其量说说“巾帼不让须眉”。

为什么这么说？因为书法确实是非常男性化的，女人想出来并不容易。书法需要你稳健老到、随机应变、明察秋毫、果断自如。而这恰恰不是女性的特长，尤其是写大草这种气质尤为男性的字时。过去不一样，女人一般写写小楷也就过去了。但过去对书法的要求也比现在高多了，书法和生活、社会是融为一体的，平时的记录、通信、写作、交流，都需要书法。平时写得非常多，运用非常广泛，什么都写，水平也比现在高很多。对于我来说，跟同代人比，尤其是和女人比，我还是有自信的；但一跟古人比就非常惶恐。所以对“书法家”这个称号，我也是惶恐多过自信，我也不太想去背负什么“家”之类的称号。

从古至今，女书家寥若晨星，屈指可数。对于女性书家而言，我付出的也许比一般男书家要多得多，也辛苦得多。写得不好，男书家在原谅你的同时也在轻视你；写得好吧，对你的要求比对男书家还要多。想在几千年男人拿手的领域里有所作为，真是难上加难。唯一能让我自嘲的是，在写得好、写不好的时候，都可以说：“我是女书家嘛。”

我很早就提出“女红”的观点，目的就是女书家自有天地，自有追求，不用和男人争同一个境界。有关这个问题，我倒是有兴趣下回专门聊一聊。

书法有“法”

南都：但随着写字的人越来越少，毛笔的地位也越来越低，会不会也有些焦虑，甚至是不知所措呢？

孙晓云：不知所措倒还好了，关键现在很多人不仅不觉得不知所措，反而觉得理所当然。书法在当代社会究竟起怎样的作用？这个问题我也一直在想，越想越觉得事情很大，它不仅仅是个人兴趣爱好或者艺术观点的问题，还是一个很大的文化问题。艺术观点是不断变化的，但中国文字的传承是恒久的，它涉及我们文明的存废。

尤其在今天，因为书法已经失去普及性和实用性，很多人在不知不觉中对书法有很大的误解。这种误解，首先就体现在对“书法”的定义上，过去古人学习书法是“认”“念”“写”三位一体，现在这三个部分被完全割裂：认，对汉字的研究，交给了中文系；念，交给了表演系；写，则交给了美术系。这是很有问题的，中国书法首先是文字，然后才是艺术，结果现在文字的内涵都被剥掉了，就剩下一个艺术的壳。既然书法是纯艺术，那好，谁都可以有自己的观点，什么都可以冠以“创新”而随意为之，艺术本身就是选修课。文字可以选修吗？今天这样的状态难道不足以警醒世人吗？

我们不要忘记，文化是民族的根，对于中华文化，汉字是它的根。没有汉字，哪来的诗歌、历史和哲学？中国书法向来不缺少审美依据，博大精深的书法史论，有延续两千年的完整缜密的评判标准。我们不妨好好地看一看。如果汉字的书写内涵都被剥离出去了，成了纯艺术，那中国文字可能就要消亡，中华文明也会危在旦夕。所以说，对传统书法的传承，是一个非常严肃的文化安全问题。

南都：所以你在《书法有法》这本书中才会那么强调学习传统的“法”？

孙晓云：家有家法，国有国法，书有书法。《书法有法》其实谈的是很严肃的笔法问题，这个问题已经争论了几百年，只不过我用一种比较轻松的方式把它写出来了。对于这个“法”，我自己也是从不自觉到自觉，慢慢体会到的。

前不久编中小学书法教材，我按照要求同时临五个字帖，半小时一换，尚得心应手，这些法则在我很小的时候便在无形中铭刻于心了。后来时代扭转，书法被逐渐淘汰、不断误解，被以一种很不严肃的态度对待。我看到这些也非常痛心，虽然我可能改变不了时代，但我想我还是能把我在这个时代中思考的一些问题写出来。这也是我当初写《书法有法》的初衷之一，我希望能把我做的东西跟别人解释清楚，希望能让大家觉得我的这些观点是合情合理的，也是足以令人信服的。

这么多年写下来，其实我就干了一件我力图做好但还没有做好的事，那就是对中国传统书法传承的坚持。“坚持”二字谈何容易，要能受得了的。对现在的我来说，对书法的责任感早已大过兴趣。这种转变，也是因为《书法有法》这本书。我当时在写这本书时，其实还是有风险的，我也很清楚，可能会招来一批人的扼杀，所以我删掉了很多原本比较尖锐的语言和观点。当时自己也比较悲观，在《书法有法》里，我最后写道：“艺术生涯原是梦，梦回已觉十年迟。”就是想说自己写完这本书，说出这些观点又能如何？花了这么多年时间，最后可能还是一场空。但没想到的是，这本书出来以后反响特别好，2013年已经15版了，到现在还在再版，这就说明有很多人支持我的观点，认同我的想法。也正因如此，我觉得自己身上背负的责任越来越大。

南都：传统书法究竟应该怎么去理解？现在也有“当代书法”的说法，你怎么看？

孙晓云：当代书法是建立在当代美术的基础之上，作为艺术上的一种尝试，也未尝不可。但对于书法，我们首先还是得认为它是文字，文字是不可能做太大的尝试的，比如说“三横一竖”，上面两横短，下面一横长，这就是“王”字。你或许可以对这个字有些微调，但它基本结构就是这个样子，不允许你再做任何改动。文字是不允许你一变成二，三改成四的，不允许边画边想象，或许说想象的维度不在这里。

究竟应该如何去处理“艺术”和“文字”两者间的

关系呢？我的看法是，既不能以中国传统文字的观念完全覆盖纯艺术的观念，也不能完全用艺术的观念来覆盖我们文字的传承。现在，老有人在说："你不要背着传统的包袱，要创新。"恰恰相反，我想说的是："你还没有继承到传统，不要背上创新的包袱。"现在大家把创新完全变成一个包袱了，如果你跟前人写得一样，好像就不叫创新了，就会被人嗤之以鼻。这种观点是很有害的，《诗品》里讲："如将不尽，与古为新。"我觉得很有道理。不能说为了跟爹妈不一样，你两个耳朵就得长到头顶上。

大家知道，任何个性都是建立在共性基础之上的，个性是不可能单独成立的。好比我们看足球，你看的是队员球技怎么样，而人人都清楚的比赛规则被隐掉了。如果你不是踢球而是抱着球跑，那就不是足球而是橄榄球了。书法也是如此，如果我们现在是处于一个人人都写书法的时代，那我们就不会耗费时间来谈书法的法则究竟是什么，它是一个不言而喻的东西。包括"书法有法"，其实也是一句废话，就是因为大家都不懂古法了，我才来说法。

南都：你会怎么来描述你心目中的标准？你觉得怎样的书法才是好的？

孙晓云：过去有那么多伟大的书法家，前人摆在那里，那就是我的标准。我相信前人中写得好的，也一定有一个方向在那儿，只要他写下去，一定知道更好的是什么。但这个更好的究竟是什么，我们永远也不知道，唯一能做的就是不断地写，不断地试探自己的上限究竟在什么地方。也正是因为这种不可知性，这件事情才有魅力。

所以我也不知道自己的字将来会是怎样，但我有一个方向，就是想把它写好。这个“好”是有具体标准、具体内容的。学习传统书法好比看一座山，远看山很小，近看人很小。面对几千年中国书法史，你一定会觉得自己很渺小。要清楚你追求的这个东西是崇高的，可能永远都无法企及，但它就是你的方向、你的寄托。一直奔着一个要“好”的方向去，人就永远向上，不会堕落。

书法的当代性

南都：你怎么看现在教育部倡导的“书法进校园”？这种方式真的能有效促进书法的传承吗？

孙晓云：“书法进校园”，它反映了两个现实：一个是学校里已经不教书法了，不教写字，所以才叫“书法进校园”。但问题是，书法不在学校教，那应该在什么地方教？这就像请父母进家庭一样，本身就非常荒诞，你有了父母才称得上是一个家，没有说谁请父母进家庭的。

另一个，就当下社会来说，我觉得我们必须重新认识书法的位置，不能再把它仅仅视为中华民族的“艺术”瑰宝，这实在是太低估它了。我认为在紧要关头，尤其是中华民族复兴的关头，首先要做的，就是把中国的字写好。中华文明存在数千年里，王朝更迭，但从没有哪个王朝说要废除汉字，汉字始终都在延绵不绝地发展。汉字对于我们民族性格的塑造也起了非常大的作用。我们常说“字如其人”，西汉扬雄也曾说“书，心画也”，意思是说，你平时心里的波动，你的性格、才气，最后都能通过字体现出来。在古代，书法是衡量一个人学识、才气的重要标准，从来没有一个时代放弃过对书法的要求。

现代社会不一样了，随着时代发展，科学进步，职业增多，文人的地位下降，对字的要求也大大降低。真正留下来认真写字的，屈指可数。尤其是最近这一代人，基本上连字都很少写了，更不用说练书法。

这种情况是非常危险的，它真真切切地涉及我们文化的存亡。我们现在要做的，就是重新提炼出这种书法的精神。我一直有一个观点，中国人对书法的审美其实根本不用教，它就长在我们骨子里，溶在血液中。我们都是从小看汉字、写汉字长大的，只要你从小写，就知道什么是丑，什么是美。这一点审美的自信，我们还是有的。

承传，就是要从教育开始。具体说一是家庭，二是学校（主要是指小学）。

南都：你对当今简化字和繁体字的问题如何看待？

孙晓云：这是一个非常严峻的现实问题。在学校教育里，有一个繁体字教育的问题。现在的学校都不教繁体字了，这种做法带来的后果也非常严重。如果说我们有五千年的文化史，其中四千九百五十年用的是繁体字，后五十年用的才是简体字。现代人如果连繁体字都不认识了，那就是跟过去四千九百五十年彻底脱节了。再说，我国香港、台湾以及韩国以至世界上其他用汉字的地方，都还在使用繁体字。

要靠强制推行，让孩子们在认繁体字的同时就得学会写繁体字。其实在学校教繁体字非常简单，只需要在小学课本上有繁简变化的地方简单标注一下，告诉孩子繁体字是怎么写的，就足够了。简体字和繁体字之间也并不冲突，就像英文的大小写，平时用小写，大写只是用在标题里，以示郑重。但你从未听说，老师平时只教小写，不教大写。英文大小写同时教和中文简繁体同时教，是同一个意义。只需要在讲课时简单提一下，孩子就记住了，非常简单。但如果等到成年再来做这件事，就相当麻烦了。又何况繁体字数只占三千个常用汉字的一半，很容易认的。

书法也是如此，必须从娃娃抓起，而且得认、念、写同步进行。这样，在小学阶段，繁体字也会了，简体字也会认了，书法也学会了，那后面的事情就简单了，可以说是事半功倍。书法的传统到现在已经断了这么多年，现在衔接上去，亡羊补牢，也为时未晚。现在的问题就是要提高教师的素质，前几年我给中学语文老师上过一节书法课，所有语文老师都觉得在学校推书法有难度，因为没有专门的书法老师。我当时就说，如果你们连书法都不会写，那就不配做语文老师，这个门槛还是必须要有的。

南都：对于现在的年轻书法家，你觉得应该怎么发展？

孙晓云：我觉得我们不要再以“书法家”来简单框定这个事情。因为书法是一个全民性的事情。在整个艺术领域，也唯独书法是全民性的。写得好的，就可以是“书法家”。正因为是全民性的，所以更需要全民的参与和评判。

我们这个时代的书法家，跟过去的使命也不一样。就我个人来说，我现在是用我这么多年的实践、理念以及学书的过程，以一个最有力的实际行动来说服大家，让大家知道怎样能够写好，什么才是好，怎样以最快的速度、最准确的学习方法来达到效果；同时我还得用自己的书法作品去感染别人，让大家觉得同时代的人也能写得这么好。

很多人喜欢看当代身边人的东西，对古代的碑帖不那么亲近，这是有道理的，因为你是一个活生生的人，有一个可亲的感觉，说服力也大了很多。古人毕竟是古人，看不见摸不着的，会有隔阂。

我觉得现在只要是字写得好的人，尤其是年轻人，都应该起到一个引领作用，给社会作一个榜样，带动每一个中国人把中国字写好。不要以为别人对书法是没有评判的，等到大家对书法的重新认识，对书法审美的重新唤起，对中华民族文化的自信真正确立时，我相信最终会有历史的评判。中国人写好中国字的书法常态也最终会到来。

南都：是不是说，书法在当代社会其实能起到的作用还非常大？

孙晓云：所以我觉得现代人要重谈书法这个问题，真的不能再撇开整个历史和时代背景来谈了。书法本身是中华文化兴衰的重要标志之一，再重复一遍：文化是民族的根，书法是文化的根。

对汉字的书写，甚至连钢笔字都要有书法意识，都应该放到书法学习的范畴里来。所谓书法，其实无外乎两点，就是结构和用笔。无论是硬笔还是软笔，任何笔都可以练结构，在心里也可以练；用笔的话，只是落笔在纸上的轻重缓急，粗细波挑，这就跟书法用笔有关了，你就得考虑我前面提到的这些问题。

如果我们现在还仅仅只是局限在一个小范围内聊书法，仅仅是局限在所谓的“书法界”，局限在文人趣味，我真的觉得狭隘。现在谈书法还要和市场相关，这是一个不可回避的问题。最好的结果是书法的质量和市场能成正比。关键还是看自身的取向，你能发挥一点正能量，那你就应该尽全力，只有这样整个社会才能向前发展。就我而言，能写出好的作品是我最大的愉快。我能把好这一关，就是对社会最大的作用。我也尽量以一个简单的态度，以一个艺术家的标准来面对这个复杂社会，这也是对我这一生从事的职业负责。

南都：现在你还担任江苏美术馆的馆长，平时行政事务应该很多，留给书法的时间还多吗？

孙晓云：我还是经常写，平时行政事务会议多，时间确实很少，我主要是利用晚上和节假日的时间。之前在《艺术人生》里，朱军曾采访过我，他问我，能不能用两个字来形容一下自己前半生几十年做的事情，我想了想，用了“承传”两个字，对传统书法的承传。他又让我用两个字形容将来要做的事，我用了“润物”二字。杜甫《春夜喜雨》诗中有“润物细无声”一句。对我而言，承传传统书法，是一生的事情，要想被别人接受，必须要付出很多年的心血。未来我希望自己更多是“润物”，希望自己是一滴水，大家一起坚持，最后能汇成一场好雨。就是中华民族文化复兴的“好雨”。我也知道自己能力有限，努力也有限，但是，能做多少做多少。如果你不坚持，我也不坚持，你不努力，我也不努力，最后就汇不成这场“好雨”。

小时候，我之所以坚持练字，首要的原因其实是爱好，因为父母、老师、朋友看到我写字好非常高兴，这是我最大的动力。到现在，书法更像是一根拐棍，它辅助我走完人生一程又一程。我写的作品，其实都不重要，它不属于我，我也带不走。我唯一能带走的就是记忆、经验、技能和体会，这才是我最珍贵的东西，也是别人不能复制的。但如果这些东西，能够帮助更多的人，让更多人更美好地生活的话，那我还是愿意尽量多留点。总觉得我来人世这一遭，不仅仅是我自己获得，还可以让别人同时也获得。

（2014 年 8 月 14 日）

林墉：将来会有人看出我的画的价值

颜　亮

林墉，画家，1942年生，广东潮州人，1966年毕业于广州美术学院中国画系，作品《访问巴基斯坦组画》曾获广东省首届“鲁迅文艺奖”，并获巴基斯坦总统颁发的“卓越勋章”。林墉擅人物，又及花鸟、山水，兼擅文论及插图，风格潇洒、清新、明丽，出版画集、文集有《林墉作品集》《林墉插图选》《林墉速写》《林墉、苏华访问巴基斯坦画集》《梦之女》《林墉中国画小品选》等，其作品被中国美术馆、广东美术馆、深圳美术馆、关山月美术馆等收藏。

对林墉先生的采访约在晚上八点，难免担心聊得太晚，影响林先生休息。不过林墉先生的女儿林蓝却说不打紧，这才知道，只要身体允许，林墉先生每天都会画到深夜。摄影师安哥在《南方都市报》的专栏刊过一张1985年林墉先生在他画室的照片，照片下的短文说："画家林墉当时是许多年轻艺术家的偶像，连他曾经写生的斗门渔村都成了年轻人趋之若鹜的地方，他画的女人特别妩媚多姿。"这说的是1985年的评价，在这之后，林墉更是身居画坛要位，他对画坛的影响从20世纪80年代初，一直延续至今。但1999年后经历了两次大手术，林墉便急流勇退，慢慢远离了美术圈。

林墉说，手术后有两年左右，他完全不能画画，这倒让他得以回头反思自己的过往，"它给我一种警惕性，告诉我不要再往前冲了，我也知道自己不是这种人才，可以说我开始比较怕事了，想要变成真正典型的老百姓"。在此后十五年里，他天天去白云山，三块钱坐在那里喝茶，也没有谁认识他，“真正像个普通老人那样生活，安安静静很好，在艺术上也没有什么想法了”。画还是在继续画，但现在的林墉跟之前的“林墉”也早已不同了，但究竟哪个“林墉”才是完整的林墉，林墉自己也很难说，因为直到今天，他还是在不断变化。

画画要画得真诚

南都：上半年的时候，听说你身体不是很好，现在身体还可以吧？

林墉：人到了一定年纪，你说没问题那都是假的。1999年，我脑部做了手术，两年多之后复发，又到上海做了一次手术。这两次手术对我打击很大。最差到什么状态呢？我当时连“林墉”两个字都不会写，原来记忆的一些东西也都没有了。我是在最近的十几年，硬把它们给找回来的。原来我想写什么就写什么，但现在就不行了，我现在认识的字都是重新学的，但还有大量形容词我是写不出来的，想不起来。

不过我觉得这样也好，实实在在的。我现在偶尔也写点文章，但写的都是千字文，内容都是实实在在的。现在我讲话也好，写文章也好，都比较实在了。这也是因为老了，自己觉得有些话很夸张，很空洞，没什么说服力，我自己就把它给刷掉了。最后剩下能讲的话也就不多了，不像以前，随便一篇文章都能写到五六千字。我觉得我是对的，我终于走到比较正常的位置：不胡说八道，实实在在的。如果我真的倒下去了，我也就剩下那么几个字还比较有意思。

南都：你是更看重你画的画，还是你写的文章？

林墉：都一样的。我经常画画，也经常写文章，我画的画就是我写的文章，文章里头也包含了很多画的艺术。我一辈子走的路是很窄的，在画画这个圈子里，我还能施展一下我的能耐。其他我是很蠢的，比如说打官腔，这个就不是我的所长，所以过去我经常碰钉子。近十来年，我的生活更加简单了，也可以说更加单纯了。

我现在的生活很简单，连手机都没有，每天就是画我的画，想些实实在在、很简单的事情，比如说要画好一棵树，我都觉得压力很大。本来这是很简单的，但我反反复复考虑的是，怎样把这棵树的树丫画得很真诚——不是画得很真，而是真诚——我追求的是一种真诚的感觉。现在画一头牛、一只羊对我来说压力都很大，不是要把它画得很像，而是多一点内涵。同样画一棵树，树里头有点内涵，这是比较难找的，也不是一下子就能得到。

南都：怎样才能让画里面有内涵呢？

林墉：其实也很容易，它需要的是你在画这些东西时，心窝里能有点温度，这就够了。比如说画黄山，你把黄山画个十年八年，但如果你心窝里没有一座自己的黄山，那问题就大了。很可能你画了一辈子黄山，还是画不出黄山的美。这也是为什么在面对数千年前，欧洲画家画的一些牛的时候，我们还是会照样为之激动。同样的牛，在三千年前能让人激动，到今天它也照样能让人激动。这种激动，不是用你的眼睛看到的，而是因为你的心窝里有那么一头牛，它活过来了。从这个角度出发，画家可画的东西就多了，什么都可以画。

所以很多时候，有人觉得没东西可画了，其实应该倒过来，问问你心窝里有没有一头类似的牛在走来走去，这才是问题的关键。

南都：这种感觉是不是类似中国古代文人画里的那种气韵？

林墉：跟文人画完全没关系。文人画和非文人画在我心窝里头没有什么区别，文人画是宋代以后才有的。就我而言，我比较注意画画的人要多一点文化，你多读一点文章，画出来的东西，就要跟没有文化的不一样。

文人画和非文人画，我从来不看重这点。很多人表示自己的是文人画，但我看他画的准确性差很远。比如，画一头牛，但一头牛的准确性都没掌握好。你画一个人物，还是要看像不像，你画的这个人可以更加有神气，但首先还是要准确。我们说画能够几笔画出来，这几笔里头是得很有说服力的，能让人觉得感觉“够了”，因为它表现得很丰富。如果它表现得一点儿都不丰富，那反过来也显得你没有什么文采。历史上有一批画家就画得非常简练。

南都：但是很多人把你的画归到文人画里头，因为你又写东西，又画画。

林墉：那没问题。但其实我一直都在变化，我的画也一直都在变动。有些人一辈子可能波动不是太大，但我是天天都在波动。这也是我的个性使然，我喜欢今天这样画，下个礼拜觉得没意思了就变一变。我虽然在波动，但也是万变不离其宗，还是有一些基本的东西一直都在，这就是我自己的特点。这个特点里既包括了我的优点，也包括了我的缺点。

我并不是天天画美女

南都：那你会怎么去描述你自己的优点和缺点呢？

林墉：我从没思考过这个问题。别人怎么想，我也不知道。我画画是想画就画，至于画完以后说你属于什么，那都是别人说的，我自己从来不想这个问题。我想的东西，我画不出来，这倒是真的。有时候我想画得不一样，但画着画着又发现：糟糕，跟原来还是一样。而有时候画画没想太多，但画完发现，竟然跟以前不一样了。

现在你看到的“林墉的画”是这个样子，但大量丢在家里的“林墉的画”，根本就不是这个样子。别人看我的画，觉得很好，拿来展览。最后展来展去，都是同一类型的画。但林墉从来不是一个模式，我画的画本身波动还是很大的，问题是别人从来不拿它们去做展览。

倒过头来，我想说：写文章的人也要留点余地，不要随便给人贴标签。比如林墉，要给他贴标签，有人会觉得他就擅长画美女，这个是大家认可的。但实际我并不是天天画美女，我是因为情绪所激，或者受人怂恿，才画点儿美女，但传来传去，最后就变成：林墉是专门画美女的。这样你就只看到这一面，而看不到另一面了。

有时候我也会画不出来，但我肯定不会告诉你，你也不会知道。你现在看我很伟大地站在画面前，好似很威风，但我画不出来的时候你知不知道？画得不好的画你看到过没有？如果能够这样来考虑，很多东西就能更客观一点。

现在这个“林墉”其实是不具体的。毕竟我还活着。只有等到我走了，而且有个十年八年了，这个“林墉”才是基本上不动的，那就能看得比较全面了。你要看的不是一个面，也不是一个点，而是一个很长的时间，很多的角度。这时候，你再来写评价文章，就会准确一点。很多画家都喜欢把自己的优点展示得更加全面，把自己的缺点掩盖得严密。

南都：你现在画些什么题材？都在哪些波动中呢？

林墉：1999年前，我搞过很多展览。这之后十几年，直到现在，我基本上都没有拿画做过展览，也不想展。因为我觉得自己还不够全面。什么时候全面？别着急，等我死了倒下去之后，这就全面了。因为林墉的画就那么多了，所以我自己不着急。

我觉得自己现在时间也不多了。这不是开玩笑。两次手术，到现在有十五年了，以后再怎么样？我没想过这些问题。我现在想的都是很具体的问题，我还有好多不错的纸，我得再多画一些，赶快把它们消化掉。我现在也是想到什么就画什么，山水、人物或者花鸟，我都画，没有刻意地区分；很大的画我也画，很小的画也画，也可以说我现在是在乱画。过去我画画总是要考虑别人怎么想，我现在是不会再考虑这些了。你高不高兴我不管了，我画画就是我自己高兴，我爱怎么画就怎么画。

我也充满信心，将来会有人看出我的画的价值的。这样的画不会多，可能有几件，但我觉得这样就已经很厉害了，我也很高兴了。我还是有一点点野心的。

南都：你生病以后对你的画风有影响吗？

林墉：有这种看法的人很多，但我对这个不在意。我比较自信的是，我一辈子到现在，天天都在变化。你如果硬要总结一个我的风格，那我的风格就是天天都在变化。我一辈子画的涉及面挺广，但是露出来的，让你看到的，你可能也看不出什么大的波动，基本都是一些小动作、小意思。这正是我所追求的，我希望能在小意思里找到大天地。

但具体应该怎样找？我到现在都还没有想清楚。我就是有这个想法。尤其病了之后，有些问题我想得比较多。所以，现在我想画一些宁可浅薄一点，宁可真实一点，但能令人愿意再多看几眼的画。我想追求的是：我的画是一个瞬间，在这个瞬间里能产生一个撼动。这张画的永久性我不敢想，我只想这张画画出来，你看了想要一看再看，那就了不起了，那就是大画家了。

南都：去年有一个展览，里面有王肇民先生的水仙静物，站在它面前就有你刚才说的那种撼动。

林墉：王肇民先生的作品有这个分量。其实你仔细看，他的画到最后只是几笔，但如果在这幅画没画完的时候你去看，你不会觉得有多么了不起。王先生的画，初看没什么了不起，全靠他不断地洗，洗到最后，就那么几笔。很多老前辈都是如此，他们的画都是加了又加，洗了又洗。加了又加，大家都知道，但是把画洗掉了再来，这个不是一般人能做到的。有些人耐不住，画了几笔后就舍不得洗了，王肇民先生是洗得干干净净，重新再来。

所以这最后几笔，他可能是画了半年，也有可能画了几个礼拜。在我心目中，王肇民先生是伟大的、深刻的。他是个真正的大画家。大在哪里？就是“能人所不能”，说是那么说，但是要做到就难了。我们还在广州美术学院当学生时，王先生已经五十多岁了，给我们的感觉就是一个很和善的老前辈，非常谦虚，对人非常尊重，对我们这些晚辈也是如此。

我一辈子都在追求技巧

南都：你在广州美术学院读书的时候，王肇民先生是对你影响很大的人吗？

林墉：影响了我一辈子。我们在广州美术学院附中时，对他还不大了解。等进了广州美术学院，他那个时候画得更加好了，我们也开始懂他的画了。王先生给我留下印象最深刻的画，是一只在砧板上被杀了的鸡，还滴了一两滴血。这幅画给我的印象实在太深了，影响了我一辈子。当时还是大学一二年级，看到他的这些画，眼睛都亮了。后来看了他的书，讲怎么画画，就更加佩服了，感觉这就是我心目中的伟大，而且他就在我身边。

从二十岁开始，直到现在，我佩服王先生佩服了一辈子，到现在更加怀念他了，觉得他真是了不起。他讲话不多，但他讲一个字，可以用几十年。广州美术学院有了一个王肇民先生，就留下了一种永恒性的光辉。如果没有王肇民先生，广州美术学院就黯淡好多。好在王肇民先生在广州美术学院生活了那么多年。

南都：但是到现在王肇民先生似乎都还没达到他应有的受重视的程度。

林墉：这也是一个很怪的现象。很多年来，广州美术学院多次举办王肇民先生的展览。他老人家过世之后，他身边的人也给他印了很多书，我知道的就有五本，但问题就是他并不受大众的欢迎。我想来想去，姑且用一个词来形容他，我觉得他很“贵族”。所谓贵族，说的是他地位很高，别人都很尊重他，但却没什么权力，也没什么金钱。我看王肇民先生就是一个永恒的贵族。别人怎么说我不管，在我心目中他就是贵族，地位很高，也没办法类比。

南都：你似乎也特别重视绘画中的技术问题？

林墉：到现在，我都非常留意技术上的东西。我最认真、最高兴的就是在技巧上的研究，我一辈子都在追求技巧。我的能耐行不行，这很难说，但是我刻意去追求。你们看我的作品就看得出来，我是刻意在技巧上去努力的。我在去美院读书之前，就有这个想法，有这个追求。如果不懂得技巧的话，你等于白活。因为技巧的东西是几千年大家累积的经验。你竟然蔑视它，那就不够尊重历史的累积了。

一个活着的人，他总会范围很宽很大地吸收一些优点。我很难想象一个画家只愿意吸收一点点的优点。有成就的艺术家，都是因为他的作品吸收了大量的优点。就我自己来说，我是大量吸收了印度的东西，同时也吸收了很多欧洲的优点，我会特别注意明暗的问题。20 世纪 80 年代初，当时有一些很小的敦煌印刷品，我通过临摹它们——虽然不多，看懂了不少东西。在我的作品里，也包含了一些敦煌的元素，比如说近大远小、透视之类的，虽然这些都是小意思，但确实养育了我一辈子。我当时甚至动过念头，想去敦煌工作，但后来也清楚这是不可能的，也就死心了。但我对敦煌是注意了一辈子的。

南都：你刚才说的，追求绘画中那种瞬间的撼动，似乎在你80年代画的美人图中就开始有这样的感觉了，是不是那个时候你就有这种意识了？

林墉：这种瞬间的撼动，也是我后来个人经历慢慢累积才有的想法。这种想法成型要等到五十岁以后。在这之前我想的是往前走，从来就没有回顾。等到五十岁之后，大病一场，这才回头来看自己究竟是怎么回事。

实际上，在没生病之前，我也开始怀疑自己，等到五十八岁病了以后——难得我这一辈子有那么两年不用去思考任何问题，也没画什么画——才有了空闲让我回顾一下。到这时，我才知道我不应该再往高处走了，而是应该往底下走，走到老百姓的家里去。我非常愿意走到普通老百姓之中，讲几句笑话，或者讲一些痛苦的故事。因为我曾经有过离开老百姓这个大圈圈的时期，我往上走了。

我五十八岁病了以后，就彻底离开了美术圈，也再没去过美术学院。在这之后的十五年里，我每天早上八点都去白云山，坐在那里，也没人知道我叫什么名字。我在山上也没干什么，就是傻乎乎地坐在那里，如此而已。我离开美术圈很久了，他们讨论的那些话题早已不在我可以讨论的范围。他们现在的讲话，我都不懂。我在艺术上也没有什么特别的想法了。现在人也老了，也不敢随便说这个不好。这都让我感受到一种离开美术圈的安全感。我自己感觉是好不容易，终于离开了这个圈子，我高兴！

现在能看见，就抓紧画

南都：我看20世纪80年代的资料，你是很多年轻艺术家的偶像，引进了很多东西。你现在会怎么看自己20世纪80年代那一段时期呢？

林墉：那是个特定的时期，我也在特定的年龄。四十岁前后，我有很多想法和做法，有些是不由自主地就卷进了时代浪潮之中。好在我1999年就倒下去了，让我能够回头思考一下，自己今天处在什么位置，应该做什么。明白了，那就很简单了：我知道自己画不好，所以勇敢的锐气就没有了；知道自己所处的位置很一般，不该妄想那么多，整个人也就踏实一点了，老实一点了。

至于过去的那个时代，每个人年轻的时候，都是充满热情的，哪怕那个时代多么混乱。所以也不要再去讨论这个问题，既然已经过去了，好和坏都罢了。太过热心去想过去，那是妄想；包括对未来，也不要有太多幻想。最好是实在一点，不要刻意去算这个账，算起来真没意思。所以我倒想，我们现在老了，我们这批老人，一起重温那个时代，笑跟哭累积在一起，这就好了。

南都：王璜生曾经写过一篇文章，说你在20世纪80年代的作品是想要探索出一种属于南方的美学，而这种“美”也是贯穿在你作品中的重要内容，这种“美”你是如何理解的？

林墉：你说的南方的美，我到现在都没有改变。目前这种状态，我跟大家是一样的。我看了很多“丑”，这些“丑”，让我非常痛苦，所以我就要寻找美，哪怕是一点点的美。我到现在活得挺有意思，就是因为有一点美。要不然活着干吗？我也看到了丑，就是因为看到了丑，所以我才想要画一点点美给别人，区别就是在这里。画家并不伟大，其实艺术家很有良心地带一点美好给大家：“别死了，活下去。”那就行了。不要把艺术家当成很了不起的人。他们就是和老百姓一起哭，一起笑。但是他们还有点能耐，能画点美好的东西给大家，如此而已。

南都：这是不是跟佛教中的“慈悲”观念有些类似？

林墉：我可以坦白交代，直到现在，我那么有感触地画画，其实是印度的音乐(包括舞蹈)触发了我。在去印度之前，我听见印度的音乐就会感动。1955 年，我就听到了《流浪者》的音乐，虽然我听不懂，但它却让我感受到一种悲哀的力量，我喜欢，我听到印度的音乐就想哭。伟大的音乐是让人哭的，不是让人笑的。构成人生魅力的，是良心；推动了人流眼泪的，就叫艺术。

佛教的魅力也在那里。为什么要慈悲？慈悲者就是要流眼泪，你也哭，我也哭，是真哭，但是互相安慰："别哭，别哭。"这才是慈悲。

我到印度，也看见很多很丑的人，但我画的全是美人。我把我在印度感受的美，融入中国流传的美，就变成你们现在看的画。生活里头有很多丑，但是全靠艺术家来抹上很多漂亮的颜色。艺术家天生就有这个责任，把丑的东西擦掉，让它变得漂亮。痛苦是永远的，只不过老天有眼，让我们幸福一个瞬间。

南都：你在画这些美人时，似乎特别会在"眼睛"部分用心？

林墉：我有很长时间比较留意"美"该怎么画。我画美女，其实只要一只眼睛就可以了，两只眼睛都多了。就像我们生活中只用一只眼睛就够了。包括痛苦的时候，一只眼睛哭就可以了。这其实跟美一样，美不一定要两只眼睛。包括唱一支歌，如果用尽全力来唱，那水准就不高了。

南都：现在你画人物画还画得多吗？

林墉：现在少了，眼睛不行。现在我是能写多大的字，就写多大。我也不戴眼镜，凭着感觉还是完全可以画。但我眼睛也很差了，我的想法是：现在能看见，就抓紧画；等到完全看不见了，我还能讲几句话；如果连句话都讲不出，那就没办法了。

我自己最近这十年来也没有区分什么山水、花鸟和人物。我就是个画画的，我什么都画。(指着画室里正在画的一张画)你说我画的是山水画？但我又可以在画中间画一个美女，你说那是什么画？我现在就是混着画，自己高兴，画山也可以，中间画个人也可以。现在画的这张，其实具体什么都不是，你远看似乎是山水，但其实也不是。所以我并不厉害，我就是在乱画。我是因为高兴所以才画的。

（2014 年 9 月 11 日）

朱良志：文人画背后有一种独特的语言系统

李昶伟

朱良志，北京大学哲学系教授，教育部重点研究基地美学与美育中心主任，美国纽约大都会艺术博物馆高级研究员。擅长从哲学角度来研究中国艺术问题，主要研究领域为中国传统文人画、中国传统艺术观念和传统美学思想，著有《石涛研究》《八大山人研究》《南画十六观》等。

在《谈艺录》系列的采访中，北京大学哲学系朱良志教授是个比较特别的采访对象。此前我们与之畅谈艺术的对象，有各领域的艺术家，有精研某一品类的藏家，有熟悉中国艺术史的批评家，却鲜有人和我们娓娓道来艺术在收藏价值之外，于我们心灵的裨益。朱良志一直孜孜探索的是中国传统哲学和艺术之间的关系问题，他的著作从早期的《石涛研究》《八大山人研究》《真水无香》到去年的《南画十六观》，聚焦的重心之一就是中国文人画。因为工作和研究的关系，朱良志在纽约大都会艺术博物馆、华盛顿弗利尔美术馆等地看了数量众多的中国画，他的感喟是“中国传统顶尖大师的文人画，有一种无法用语言表现的纯粹的美。在这个世界上，或许只有宁静高贵的希腊雕塑、深沉阔大的欧洲古典音乐能与之相比”。

在朱良志看来，解读艺术有很多途径，而他想做的，就是从自己熟悉的艺术哲学的角度，来发现文人画的艺术真性问题。朱良志说，实际上他想解决的不是文人画本身的问题，而是解决自己思想的问题。“人过中年，垂垂老矣，心情有一点荒漠，对世相的喧嚣和混乱有点不太适应。人生命的价值何在？”厚厚一本《南画十六观》是追索这些问题的成果之一，艺术史上的十六个文人画画家，也是十六个灵魂各自面对人生境遇的解答。“我不在乎一个艺术家后人怎么评价，现在市场卖了多少钱，我不在乎这个人生前怎样显赫，身后有多少弟子追崇他，我也不在乎他这个人留下的作品有多少，像倪瓒有可能只有两三件是真迹，我觉得有此也够了。重要的不是他留下的作品，而是他创造了一个作品。曾经留下了怎样的心灵的记录。即使这样的作品今天不在了，但是在存留的文献中我们仍然可以追踪他的一种信息。”

初秋的下午，在离寓所不远的雕刻时光咖啡馆，一壶茶沏上之后，南都记者开始了对朱老师的采访。

文人画不仅仅是图像

南都：你研究中国古代绘画是从什么时候开始的？大致是什么样的经历？

朱良志：应该是90年代初吧，那时候我还在安徽，当时在博物馆接触了一些，我有老师也喜欢书画。我当时主要做绘画理论，对哲学观念和绘画之间的关系特别感兴趣，就开始接触画了。那个阶段文史和绘画方面的知识积累，对我后来的研究起了一些积极作用。

当时文献方面的东西读得比较多，先读《四库全书》艺术类的，然后在此基础上再开始读其他中国古代书画著录方面的书，当时有一套台湾出的中国艺术类的文献集成，有七八十本，收获也挺大。90年代初上海出了套《中国书画全书》，这里面的书大多数我都读过，这样一来就积累了一些基础。

南都：所以后面就开始进行石涛的个案研究？

朱良志：对，从石涛到八大山人，实际是一个观念上的研究，这两个点探讨的是禅宗和绘画之间的关系。

我想找出推动文人画向前发展的内在因缘。为什么中国水墨画的黑白世界能成为画道主流？这肯定是哲学的问题，而不是简单的材料问题。“六法”说中国画要气韵生动，但你看倪瓒的《幽涧寒松图》，气韵生动在哪里？没有风，没有人，没有任何一点生气、一点活力，怎么讲气韵生动呢？我想尝试找出一条解释它的道路，它背后哲学的思想。对八大山人的研究给我启发尤其大，他的作品多是观念化的，你不了解他的思想就很难理解他的画。

比如说八大山人有一组1695年的册页，现藏于日本京都泉屋博物馆，不全，现存只有十几幅。题诗基本上都是读《世说新语》的感想，诗与画结合到一起。现在美术史的教材上都会有这个册页中的一幅《雏鸡图》，在画面中央一个毛绒绒的小鸡，眼睛不看人。美术史书上都解释是“空灵”，实际上在我看来不是形式的空灵，而是一种无相哲学。诗写道：“鸡谈虎亦谈，德大乃食牛。芥羽唤童仆，归放南山头。”鸡谈，老虎也去谈，他明显写魏晋时期的清谈，很多政治权威、文化权威、道德权威认为他们可以左右一切，但并不是正确的价值观。第二句“德大乃食牛”就讽刺这个。第三句“芥羽唤童仆”，古代斗鸡把芥粉撒在鸡的尾巴上面，鸡抖动尾巴的时候，芥末的气味就刺激它向前冲，唤小孩儿去看斗鸡。这第三句话讲争斗的危害。人世峥嵘，竞争人我，无有止境，人心如何平和！第四句“归放南山头”，我是一只不斗的小鸡，缥缈不定的，眼睛闪烁的，不爱不憎的。这幅画表达的思想极为丰富，不是一个简单空灵的问题，我甚至感觉这幅画可以给《老子》这本书做封面。第一句话反对理性，第二句话反对权威，第三句话反对争斗，最后一句就是自然而然、随顺从化，很深邃，很有智慧。

南都：你为什么对文人画情有独钟？

朱良志：我为什么要研究它？在我看来文人画不仅仅是图像，它是用造型语言来表达自己对生命的感受，对一种生活状态、一种存在的思考。它不是表现性的——就是把概念的、情感的东西表现出来，而是把思考凝固在它的独特的语言中。像陈洪绶的东西，今天看来依然很震撼。

南都：能举个例子吗？

朱良志：我很喜欢北京故宫博物院所藏一幅陈洪绶的作品，就是《童子礼佛图》。左侧画假山，假山画得似乎低下头，与前面的孩子游戏。右侧画几个孩子，有一个小孩儿拿着小扫帚，手上抓了个小佛像给它扫灰；有一个胖胖的小孩儿，捧着插着花的花瓶；还有一个小孩儿跪在地上，小屁股都露了出来；孩子前面有一个小案台，案台上放个小佛像，比孩子小多了。佛像斜着眼跟他们对视。你感觉到画里的内容是在嬉戏，但实际上表达的是南禅宗中极深的道理，就是即心即佛的道理。“佛在心中莫浪求，灵山只在汝心头。人人有个灵山塔，且向灵山塔下修。”整个画面充满了机趣。

南都：艺术史当中一个比较固化的认识是，认为中国绘画的活力与创造力在宋代达到顶点，之后就开始衰落了，对文人画是有不少争议的，你是怎么看这个问题的？

朱良志：这可能不是仁者见仁、智者见智的问题，这也涉及对艺术本质的理解。我觉得绘画并不是笔墨精纯或者是图像构造完整就好。纵然你画了千山万水，如果没有一个凝聚的东西，没有你赋予的精神气质，或者中国艺术说的境界，那也不能算作成功的作品。不能用自己浅薄的思维来否定别人深邃的东西。艺术是跟人生有关系的，我觉得要尊重这样一个传统。绘画历史上本来是为装饰的，后来重视宣教——政治的、道德的、宗教的图像性呈现。这两种功能现在依然还存在，但是绘画作为表达身心、传达个体体验的语言，在这中间具有极高的位置，这正是文人艺术的魅力所在。

文人画揭示中国人独特的生存状态

南都：我觉得大多数人欣赏画，即使特别认真地读也未必读出那么多信息来。你是怎么看画的？

朱良志：我是做哲学研究的，这里面传递的观念我做过较长时间的梳理，文人画背后有一种独特的语言系统，熟悉这样的语言系统，对打开这个世界极为重要。比如上面说的《童子礼佛图》，它显然与“木佛不渡火，泥佛不渡水，真佛心内坐”的思想有关，重要的是自己内在心灵中的佛，佛不在远方，不在外在，而在内心，即心即佛——这是很深的思想理念。

我在八大山人研究中，深感这套语言解读的重要性。八大山人将他对中国哲学的理解、对人生的觉解，通过他的画表达出来。为解读这套语言，我做了一些尝试，我不敢讲有多大推进，但是我想尝试能否打通他和我们现代人的那种联系，把它变成我们可以分享的东西。

八大山人之所以能够作为中国古代艺术家中的重要代表，笔墨的精纯、书法绘画的造型能力、综合性的修养当然是一方面，更在于他把绘画引入到一种非常“现代”的状态。他所触及的是他灵魂深处的问题，他表达的是他自己观察世界最直接的反应，没有虚与委蛇，没有忸怩作态。

南都：从石涛到八大山人，再到《南画十六观》，你研究的线索、关注的焦点有什么变化？

朱良志：我一开始做八大山人、石涛的时候，还是比较侧重想讲哲学与绘画之间的关系。但后来做《南画十六观》的时候，我已经放下这个企图了，重点在讲一幅好的作品到底要传递什么。我研究艺术作品，研究艺术家，有一个潜在的倾向，第一不能跟我无关，第二不能跟现代人无关。我是做艺术哲学的，我做艺术研究首先要能够解决我自己的问题，我喜欢什么不喜欢什么，研究的过程也是一个印证自我的过程。

南都：《南画十六观》涉及时间段很长，从元初的黄公望到清后期的金农，这十六位画家你是怎么选择的？

朱良志：我当时是有选择的，一方面跟我的偏好有关系，另一方面还是要根据内在的历史逻辑。比如说文徵明跟沈周，他们在文人画发展中有特别的意义，在整个文人意识的成长中有特别的意义，在中国思想发展的脉络中，也有其独特的价值。他们通过书、画以及生活方式，揭示的是一种中国人的独特的生存状态。

他们的艺术在说明艺术是生活的延伸这一问题上，表现得极为充分。像唐寅、白阳都是环绕着沈周而活动的，在徐渭、董其昌、陈洪绶那里，也能感受到明显的延续。

《南画十六观》这本书还是从我自己感觉到的人文意识出发来做的，我不是为了写书而写，而是做一个观念性的东西。比如说赵子昂，他是一个很有争议的人，他为什么有争议，就是他和文人意识中间提倡的东西有矛盾，他的艺术形式中传递的一些东西，太熟、太甜、太腻。他是一位伟大的艺术家，但不是文人艺术的出色代表。所以本书就没有选他。再比如石溪也是第一流的画家，但因为石溪的不少东西在八大山人、石涛中涵盖了，也没有选。

南都：你怎么评价董其昌？

朱良志：董其昌是文人画史中间最伟大的艺术家之一，是少数几个最懂中国艺术的艺术家。学问精湛，笔墨精纯，思想深邃，才华卓绝，一般人达不到他这个境界。但是他公务繁忙，思想圆熟，功利多多，也影响到他的艺术。他是个总结性的人物，对中国艺术的贡献是巨大的，他的绘画，实际上是把中国诗书画传统结合了，有大量新的东西。从画中可看出他对中国传统的理解很深，你看他画杜甫的《秋兴八首》，精彩无比，在理论和实践两方面相辅相成。虽然他被后来人骂得一塌糊涂，但其实很多人并没有读懂他。

南都：怎么看他的争议呢？

朱良志：当然他有很多争议的东西，南北分宗，我觉得以他这种方式归纳是可以理解的，我们不能要求他把什么东西都涵盖到。实际上八大山人、石涛都是从董其昌出来的，然后才是苏、黄一路。清初以来好多都是这个道路。董其昌的东西很精彩，不易学，容易程式化，学不好，就走入斜径上去了。他的空灵，可能到另一个人那里，就会变成了空落落的，很俗气。他的萧散，学得不好，也会变成松散无度。就董其昌的书法而言，他的草书、行书都好，大字也好，小字也好。董其昌的艺术，如同诗家之王维，不太容易真正切近，似乎懂了，但又可能没有懂。他画中那种精纯的境界、飘渺的用思，非造诣深者不能接近。

书画鉴定没有通才

南都：我知道你这几年另外一个工作是在写一部和鉴定有关的著作，这是和你之前特别不一样的工作，怎么考虑的呢？

朱良志：鉴定是非常重要的一个方面。像考古学，地下挖出来的东西，总是要确定它的时代、墓主等，包括真伪。没有这个基础，其他方面就很难开展。宋代以后的卷轴画、书法，作品量很大，在拍卖市场中间也占有很大的分量，伪作的情况非常严重，没有真伪鉴定的基础性工作，其他研究就像奠定在沙滩上。

比如说研究一个艺术家，他留下来一千幅作品，有五百幅是假的，根据真假掺在一起的东西做出一些研究的结论，这样的结论怎么会可靠！卷轴画真伪鉴定的问题，原来的研究者多为博物馆的老专家们，现在又扩展到拍卖行中间的一些人。我感觉到这方面的研究远远不够。

南都：真伪问题很复杂，像一个《溪岸图》讨论那么多年，你倾向于从什么角度来做？

朱良志：其实本来就没有真伪鉴定这个学科，卷轴画真伪鉴定之学，实际上是20世纪以来形成的。成就比较大的，有谢稚柳、徐邦达、张珩、启功、杨仁恺等前辈。这些专家有丰富的实践经验，但他们离世后，似乎有些青黄不接。

西方的中国艺术史研究界非常重视鉴定，他们好多人连汉语都不懂，却在热烈地讨论《溪岸图》等的真伪。他们可以做，为什么我们不能做？真伪鉴定，首先当然要求对书画本身质感有所了解，但还必须有文史考证等其他辅助手段。当代科学技术的发展，也在推动鉴定的发展。有一些鉴定专家有很大的贡献，从整体上看，有很高水平，但不代表他们什么都可以看。就鉴定本身来看，没有通才。你鉴定米芾、苏轼可以，鉴定石涛、八大山人可以，但不一定鉴定其他艺术家都可以。

我觉得现在非博物馆人员能参与真伪研究，有几个有利条件。第一，现在博物馆开放度高，可以看到真品。第二，随着拍卖向前推进，出版物、影印件多了，绝大多数的东西都不是秘而不宣、藏在深闺，这样人们可以把握它的来龙去脉。第三，除了刚才说的影印件，图录这块目前跟进也比较快。像我们国内出的《中国古代书画图目》，这样的图目相当于提供一个线索，虽然不是很清晰，但是这样的著录跟以前文史资料中的著录是不一样的，你能看到一些头绪。第四，文史资料的丰富化，尤其国内文史资料近年来出版量大。以前很多稀有版本，现在多在影印出版，你可以读到很多东西。以前我们看到这些作品大部分都是古代著录著作，比如说《书画汇考》《销夏录》之类的东西。现在大量的作家别集、地方文献，包括家谱中间都隐藏了很多收藏线索，渐渐展现出来了。

总的来说现在所提供的东西是丰富的，只要用心，非博物馆人员也可以做，甚至我感觉到，可以做到有些博物馆人员无法做到的研究。我认为，可以像建立考古学这样，建立一个“中国唐代以来的书画鉴定”这样的学科门类，给现在的艺术研究提供一个比较好的科学支持，这已经是有可能的了。

南都：你觉得书画鉴定工作目前来讲整体还是有所推进的是吗？

朱良志：研究在深入，现在有几种，一种广义的就是比较分散地谈鉴定，针对某一个艺术家的，比如黄庭坚的书法有一些鉴定专家，比如八大山人的书法有一些鉴定专家，我觉得在推进。大家形成合力建立一个可信的（平台）。问题的关键在于，不是我们研究有没有可能，而是是不是具有一种科学态度，这最重要。现在拍卖行中吃假饭的情况很严重，往往为了一己之利，受制于某些利益集团，以伪作真，知假卖假。书画鉴定研究，不解决这一科学态度问题，完全受制于市场，是无法推进真正的研究的。

另外，鉴定其实是一件有风险的事情，很多人不愿意做。说别人一件东西是假的，总是一件不高兴的事情。博物馆是公家的，我长期看这个东西，某一天某一个人说它是假的，我也不高兴。至于私人收藏家更是如此，你说他收藏的东西是假的，如果有争议还尚可说，如果没有争议一下就把人家断了死路，他一千万元买的，突然之间你说假的，定了论，他就很难出手了。所以这方面的研究，其实有很大风险。

我所开展的研究，不是为拍卖行而做，也不是论证博物馆收藏的真实性，我主要是为我的研究做基础。因为我做明清以来的东西，里面涉及的真伪问题很多，没有真实的东西没办法做。如果我不能在这方面做一些工作，那我的研究就推进不了，比如说吴镇，徐小虎教授认为吴镇大量的作品都是假的。如果你要否定，你就得下功夫。

文史的证明对书画真伪鉴定非常重要

南都：这里面哪部分功夫你觉得很重要？

朱良志：文史的证明是非常重要的。因为有很多文献可以支持其结论，也可以纠正很多错误的结论。张大千仿明清以来很多人的作品，包括石涛、八大山人、陈洪绶，等等，每每出错。为什么呢？因为他对这个画家生涯中什么时候开始使用什么印章、什么时候在什么地方、什么时候跟什么人有交往这些方面的知识比较匮乏，所以他的仿作常常露出破绽。他是个非常自信的艺术家，说自己很多伪品五百年后都不会有人发现，但他很多伪作，在他离世不久就被发现了。到今天还在不断被发现。

已故汪世清先生的文史就做得特别好，有的人说汪先生做研究，每一句话都有出处。他的研究结论在鉴定上也发挥着重要作用。比如说石涛，1708 年、1709 年以后还有好多石涛款的作品。汪世清考证，1707 年秋冬石涛已经去世了，那么后面的作品你怎么说？你说石涛有个《画谱》，字特别像石涛写的，落款在 1710 年，那时石涛已经去世了。石涛原来的《画语录》思想是偏重于道禅这一块，但《画谱》偏重于保守的理学一派，思想完全收拢。朱季海、谢稚柳他们的结论是：《画谱》是石涛晚年的定本，《画语录》是稍早的本子，他的定本思想趋向于保守。但是像这样的结论在文史考证面前一下被击破了，完全不成立。我进一步证明《画谱》是伪造的，并且提供了伪造的过程，后来朱季海先生去世前，还跟他的学生谈，说朱良志这个考证是可靠的。

南都：我想请你谈谈一些个案，比如石涛的作品，就你看画的经验来讲，在各大博物馆的分布是怎样一个情况？

朱良志：比如石涛有一些标准件的东西，收藏比较多的肯定是北京故宫博物院，然后是上海博物馆。北京故宫博物院有两百多件石涛的作品，上海博物馆也有大体相当的收藏，这两家收藏占石涛作品的一半左右。辽宁博物馆和台北“故宫博物院”虽有不少石涛收藏，但不是重点，辽宁博物馆和台北“故宫博物院”基本上是以清宫的东西为主，清宫对遗民画家一般是排斥的。张大千一个人收藏的石涛作品有一百多幅，后来散落在好多地方。广州也很重要，因为石涛是南粤人，清代中期以来，粤籍收藏家曾经有一个收藏石涛作品的高潮（叶梦龙、潘季彤等），广州市博物馆、广东省博物馆这两间博物馆收藏了石涛好多重要的作品，石涛早年有一个二十多开的册页就在广东省博物馆，还有他最精彩的一个杜甫的册页，广州市博物馆也有几幅非常好的收藏。石涛收藏另一个重地就是香港，目前在香港的石涛作品当有百幅以上。很多是从广东流出的。因为张大千的缘故，有很多张大千旧藏归于四川省博物馆。南京博物院收藏的石涛作品照理应该是很多的，因为石涛在南京待的时间很长，但实际上并不多。安徽省博物馆也有一些，但不多。

19 世纪末到 20 世纪初的时候，石涛画作的流布又有几个因缘。一个是日本人很喜欢僧人画家，日本侵略中国时，大量的绘画经由日本走出国门，所以日本收藏石涛作品的不少。日本有几个博物馆，京都博物馆、京都泉屋博古馆、大阪博物馆、东京国立博物馆收藏的石涛作品比较多。二战以后，大量的石涛作品流入美国，美国大都会、波士顿、克里夫兰、纳尔逊－艾金斯、弗利尔、普林斯顿大学等收藏的石涛作品有数百幅，美国的私人收藏家也有大量的石涛作品收藏，如沙可乐、王方宇、王季迁等。欧洲的石涛作品收藏主要在英国、德国和瑞典。

如果我们将一套册页算一件作品的话，那么石涛的传世真迹估计不到一千件。内地藏有一半左右，剩下的是中国香港、台湾以及美国、日本和欧洲的收藏，大致不到一半，还有就是私人收藏。

南都：你接下来会做什么样的研究？

朱良志：还是做观念的东西，还是会围绕艺术学做一些理论方面的思考。中国古代艺术有很多东西，都成了我们生活的基础，但并没有得到很好的解释。比如说，为什么中国艺术中喜欢枯木？好好的葱翠树木不画，去画枯木寒林，所以它确实需要解释。比如，我们以前一讲“古”就是复古，就是重视传统，实际的情况与此相差甚远，中国人形成一种独特的“古趣”，跟我们独特的时空思考有关。再如，中国艺术有“拙”这种思想，并不是对愚笨和粗糙的感兴趣。一切艺术都是缔造一种法，缔造一种秩序，这种秩序一旦习以为常，就有可能阻碍人的创造思维，“拙”的哲学与此有关。

（2014 年 10 月 16 日）

石守谦：宋画是东方的“文艺复兴”

黄　茜

石守谦，1951年生，艺术史学者，台湾“中央研究院”历史语言研究所研究员，美国普林斯顿大学博士，师从华裔艺术史学者方闻先生。曾任台湾大学艺术史研究所教授、所长，台北“故宫博物院”副院长、院长等职。他是台湾新艺术史研究的开创者，以文化史的角度研究绘画取得了很多的成就，著有《风格与世变——中国绘画十论》《从风格到画意——反思中国美术史》等。

10月31日在杭州举行的“宋画国际学术会议”，有海内外众多顶尖的宋画研究学者与会，石守谦是格外受瞩目的一位。他是华裔美术史家方闻教授的嫡传弟子，蜚声海外的“普林斯顿学派”成员，又曾担任台北“故宫博物院”院长，他自成一套的以文化史视野介入艺术史分析的方法论，开拓了台湾新艺术史研究的疆界。

“1200年前后的中国北方山水画——兼论其与金代士人文化之互动”是石守谦此次演讲的题目。其他学者将焦点对准宋画本身，石守谦却认为，讨论宋画，不可不对宋画的“前语境”，即金代由士人文化脉络生成的山水画系统加以考辨。通过对武元直《赤壁图》和李山《风雪杉松图》的仔细剖解，石守谦指出其中所蕴含的“怀古”画意，又利用近年河北、山西出土的瓷枕和墓葬壁画等考古素材，探讨山水画观众由士人扩散到庶民的现象。台上的石守谦是一位犀利谨严的学者，将材料索引、文本细读等理论工具运用得相当出色。台下的石守谦则是一位谦谦君子和温厚师长。茶歇时分，不少学生围拢来询问考学问题，石守谦温和地指点他们要多去博物馆看原作。他说："一代代年轻人出来后，我觉得他们离中国的传统越来越远，与西方的东西，尤其是大众文化反而比较接近。所以我们(教育者)要更努力才行。"

会议期间行程紧凑，采访只能安排在晚上九点之后进行。参加了一整天学术讨论的石守谦并无困乏之态，满面笑容地对南都记者说："你想知道什么，尽管问。"

他们那个时代好像结束了

南都：你最早毕业于台湾大学历史系，为什么选择了与艺术史相关的专业？

石守谦：我父亲有个朋友是画家，他带着我们画画，所以我从小喜欢美术。我在台湾念硕士的时候，刚好历史系和台北"故宫博物院"有个合作计划，在历史系开了"中国艺术史"的专业，培养硕士生。我一向喜欢艺术，感觉这好像是为我开的，自然而然走上了这条路。

"中国艺术史"专业成立之后，台北"故宫博物院"

出老师，开了好几门特别的课，绘画史、书法史、工艺美术史等。玉器是那志良先生教，铜器是谭旦冏先生教，绘画是李霖灿先生教。我们那批绘画史的学生，都是跟李霖灿先生学的，他可以说是那个时代台北“故宫博物院”研究做得最多的人，重要的作品他几乎都研究过。因为是台北“故宫博物院”的老师，所以带我们去台北“故宫博物院”看东西就十分方便。

毕业以后，我到美国普林斯顿大学研究中国绘画史。那里有中国绘画史的专家方闻教授。我去的那一年，这次来开会的班宗华教授也在那儿教书。第一年我跟班宗华学习，后来我主要的老师就是方闻。一般来说，博士论文是跟谁写的，那个人就是你的指导老师。我的博士论文是跟方闻教授做的。

南都：你去普林斯顿大学是冲着方闻先生去的吗？能否介绍一下他的情况？

石守谦：方闻先生二战后就到了美国。他的学位是在普林斯顿大学拿的，他的使命是在美国推广中国美术史，他在普林斯顿大学创立了美国的第一个关于中国艺术史的博士班。现在，方闻老师已经八十四岁了，他们那一代的前辈学者逐渐故去，但是他们做了很重要的贡献。

从 20 世纪 70 年代开始，方闻先生就做了美国大都会艺术博物馆亚洲部的顾问。他帮助大都会建立收藏，以收藏为基础举办展览。大都会艺术博物馆虽然很大，汇聚了世界各地的文物艺术，但中国部分较弱。方闻去了以后，开始从各方面搜集第一流的作品。在差不多三十年时间里，建立了一个足以让大都会觉得骄傲的中国艺术收藏。这是不简单的，它也成为大都会最重要的资产之一。很多情况下，都是方闻去采购，尤其是要从收藏家手里转过来的，有好多藏品是出名的大收藏家最后捐赠给大都会的。这件事情当然不容易。当一个收藏家要捐赠的时候，所有的博物馆都去抢。那他为什么要捐给大都会艺术博物馆呢？当然是要靠各方面的条件，让藏家觉得值得托付。

在学术方面，他是中国艺术史现代方法论的建立者。他出自传统的中国学术环境，但是他知道，要把这些学问教给西方的读者和学生，必须用现代的方式，要让西方人能听懂才行。包括书法，西方人不认识中国字，但可以让他们知道这些书法的美在哪里。这个系统是他建立的。我年轻的时候觉得，要去美国学中国艺术史，就只跟方闻教授。

南都：方闻先生的学术方法是以风格论来解释艺术史吗？

石守谦：比较正确地说，他在风格分析的基础上，建立了一套结构分析的理论。做艺术史的人，多是研究风格的。方闻比较特别的地方在于他对风格的结构分析。他认为，每一个时代都有不同的结构观，而这个结构观是彼时空的文化所凝聚的。我们不是搞不清楚很多山水画的年代吗？利用方闻的结构观，就可以判断这是公元1000年的结构表现，还是11世纪的结构表现。因为这一百年间，有不同的结构观的嬗变。他用科学的方法建立起这种了解，整个历史就变得很清楚。而且，从这里还可以进一步深研，为什么这个时代会有这样子的结构观呢？为什么这个时代的山水画会长成这个样子，另一个时代会长成另一个样子呢？这一套理论可以比较完整地说明艺术历史的发展。

南都：你在演讲里也提到了高居翰先生，你跟他有交往吗？

石守谦：高居翰是我的前辈。我到美国去时，先飞到西岸，在旧金山停留了五天。我通过一个朋友和高居翰联络，说我想去他那里看他的收藏。我才是一个名不见经传的小毛头啊。结果高居翰非常热情地招待我，把他在伯克利的收藏拿给我看。这个人极为热心，对于后辈也非常提携。我去普林斯顿大学求学，但不是拜在他的门下，照理他应该有点嫉妒才对，但是他是非常慷慨的。我虽然不是他的学生，但对他充满敬佩。

因为美国教授薪水比较高，高居翰先生在自己很年轻，而且战后市场不是很好的时候，就开始了收藏。他有过人的眼力，经常看到别人看不到的重要性。他跟方闻、李铸晋不太一样，方闻等华裔学者是比较正统的中国的品评标准，元代当然是最了不起的，所以他们在美国最推崇的是元代，要教文人画。高居翰是讨厌文人画的，他是完全不一样的角度。我觉得他们刚好互补，他们都是非常有热情的人，靠他们几个人的力量，美国凭空就建立了中国艺术史的几个重要基地。高居翰在伯克利也培养了好几个后辈。他不久前过世了，我很感伤。李铸晋先生也是最近过世的。麦克·苏立文也死了，都是在最近的一年里头。他们那个时代好像结束了。

"普林斯顿学派"

南都：你的博士论文题目是什么？

石守谦：我的博士论文是写元代初年的一个画家，钱选。他画山水，也画花鸟。他原来是南宋的举人，到了元朝，放弃了仕途，变成一个职业画家。所以他是双重身份。他漂亮精美的花鸟画在市场上卖，但他的山水画，只送给朋友。我喜欢元代，那是中国历史中一段非常特殊的时期。我一直到现在还经常去处理元代的问题。

元帝国势力范围很大，它的艺术可以说是多元的。从这个角度去看，有很多事情值得注意。中国的瓷器，在全世界闻名的是青花瓷，是元朝时中国创出来的。有一个理论说，因为伊斯兰世界喜欢蓝色，但是伊斯兰世界没有好的烧瓷工艺，只有景德镇有，所以元帝国把这两个条件凑在一起，既用了中国的技术，又把伊斯兰的原料、形状、纹饰带了进来。做完以后，作为外交礼物或高级商品卖到伊斯兰世界的上层社会。因此，青花瓷的产生，是有政治上、商业上的考虑的。

从 14 世纪开始，到十五六世纪，是第一个所谓的全球化时代。此时青花瓷开始席卷全世界。伊斯兰世界对于青花瓷的爱是疯狂的，他们做了很多大盘子，直径有时候超过五十厘米，在中国不会用这么大的盘子，是专门做给伊斯兰世界的。在土耳其、伊朗，王室贵胄都收藏青花瓷。土耳其、伊朗现在有好几个地方是收藏顶级青花瓷的重镇。欧洲也非常喜欢。蒙古的君主要做大汗，是要有一些手腕的。处理外交关系有很多手段，其中一个很重要的手段是赏赐。彼时的青花瓷，就是我们今天的"世界名牌"。一方面大汗用来赏给贵族，另一方面青花瓷也是珍贵的贸易商品，可以卖很高的价格。到了16世纪初期，欧洲商人到中国来，最早是荷兰人，接着是英国人，他们到东方来最主要是搜罗瓷器，青花瓷是其中的重点。青花瓷流行全世界，就是这个道理。

南都：方闻的学生在海外形成了一个"普林斯顿学派"，这个学派有什么特征？

石守谦：主要是运用结构分析作为研究方法，也有比较集中的研究领域，即早期绘画。我们很少做清朝绘画的研究，大约到明朝为止。早一辈，像方闻先生、李铸晋先生，在他们的观念里，宋元画是最重要的。这样的观念就是古典的观念，我们认为宋画是东方的"文艺复兴"。相较之下，清朝的绘画比较晚，不是说不重要、不值得研究，而是说应该先把宋元画搞清楚，因为这是经典。所以我们大概都是研究宋元。

南都：大陆、台湾和海外的艺术史研究各有什么特色和优势？

石守谦：大陆的优势有哪些？材料方面是有优势的，尤其是考古美术，经过考古出土的古代艺术品，对艺术史研究很有助益。台北“故宫博物院”、北京故宫博物院收藏的都是传世的作品。传世之作有个特色，比如我们说书画，那一定是宋代以后的东西，宋代以前的都是模仿品。意思是，宋代以前的书画作品是缺失的。因为过了那么久，绢啊，纸啊，都会损坏。比如唐代的绘画很少见，但考古出土的唐代壁画，填补了这部分的空缺。敦煌的意义也在这儿。像这样早期的艺术，就必须要依赖考古出土的作品、资料。最近二十年来的考古发现那么蓬勃，新的资料很多，这是一个优势。

但是有优势也有劣势。在大陆研究艺术史的老师和学生，相较而言集中在美术学院。像在浙大、复旦这种综合大学里研究美术史，还是最近新发展起来的现象。人们还不习惯在综合大学里研究艺术史。其实综合大学里应该研究艺术史。因为艺术史不是创作，它需要很多人文学科的配合，只有综合大学才能做到。在美术学院研究艺术史相对比较辛苦。比如需要有人教哲学，有人教历史，美术学院就没办法了。历史学家只在综合大学里教书。也不是说就不能做，但是这变成了一个短板。这是当时大陆方面选择的结果。前一辈的专家们选择把艺术史放在美院，而没有放在综合大学。这样一选择，几十年的发展就不一样了。在美术学院里研究艺术史也有它的好处，因为跟创作比较接近，或许可以探讨与创作相关的许多问题。但许多历史问题就不那么方便去讨论了。

两岸收藏各有长处

南都：2000 年至 2006 年你先后担任台北"故宫博物院"的副院长和院长。这期间做了什么工作？

石守谦：主要是做了几个重要的展览。其中有一个叫作"大汗的世纪"，是全世界第一个从多元文化的角度去做蒙古时代艺术展览的。另外，我也尽量在台北"故宫博物院"建立它的学术性制度。怎样争取学术表现，把它制度化，增强自己的学术竞争力。

一方面，台北“故宫博物院”有自己的学术研究体系，另一方面，也对外和国际的团队合作。比如说，我们后来做了一个“大观”的展览。2006 年我刚好离开“故宫博物院”，但这个展览其实是在我手上筹办的。那是个令人难忘的展览。它把北宋重要的作品悉数呈现。为了办这个展览，就要开始与国际博物馆合作。在我去之前，台北“故宫博物院”是不跟人家借展的，认为好东西就属我们最多了，不太需要这么麻烦。但是借展有借展的好处，有来有往啊，你就会成为国际博物馆界比较活跃的成员。要不然你都没有动作，即便有很好的收藏，也与别人没关系。有了这种合作，我们开发了很多可能发展的途径。

在研究上，我们第一个是与日本的研究团队合作，对宋画的材质进行检测研究。我们以前研究这些东西都靠眼睛，现在是用高科技的仪器来代替我们的眼睛，各种偏光啊、数位照像等，能看到眼睛看不到的东西，类似我们想象当中的 X 光。台北“故宫博物院”有一件镇馆之宝，怀素的《自叙帖》，很多人说这儿有问题，那儿有问题，我们就用仪器把这些问题一一都解决了。我们现在基本认为《自叙帖》是自然写出来的，不是摹的，写的时间应该在北宋之前。这是科学，我们用科学的方法下的最后结论。关于绘画作品的绢，比如李唐的《万壑松风图》，我们也做了很详细的检验。我们发现，原来有一些颜料残留在绢的里面，于是可以弄清楚更早的时候这幅画是什么样的颜色，早期完整的时候是否会更鲜艳些。我希望这个计划能够继续做下去。越做越多之后，跟世界各地相关的材料加以比较，就可以建立一个好的资料库。

南都：台北“故宫博物院”的藏品果真比北京故宫博物院更丰富吗？

石守谦：北京故宫博物院有它的强项，比如现在清宫的展览很红，台北“故宫博物院”的清宫相对弱势。当时王室贵胄从北京走的时候，觉得清朝的书画比较晚，所以带的都是宋朝书画。相较之下，很多清朝皇帝日常用的东西，相关的文物，比较完整地留在了北京。听说北京故宫博物院里有很多库房，还保留了很多没有展览过的文物。它们的量很大，都是清宫原来的器物。当然，说到台北“故宫博物院”的收藏，北宋的绘画是我们多，汝窑也是我们多。溥仪从故宫拿走的有限，他拿走的是他方便偷偷带出去的，比如说书画方面的手卷，立轴的话就不好带了，手卷通常比较窄，卷成一卷放在袖子里就出去了。当时他带走了一批手卷，后来又从东北流出来，很多现在保留在辽宁省博物馆。后来因为打仗的关系，国民党往内陆搬迁，最后搬到了台湾，在这个过程中，艺术品运送的量不可能太大，所以是有所挑选的。当时的人挑选的原则，跟今天当然不太一样。所以北京和台湾的收藏是各有长处。

我更重视“世变”

南都：《风格与世变——中国绘画十论》一书收录了你十来篇论文，讨论的主题是绘画史历程里的重要转变。你能举两个例子说明文化环境对画史风格改变的关系吗？

石守谦：我跟我老师不一样的地方，是我更重视“世变”。用世变来解释风格之变。世变即是人世间的变化。环境变了，社会变了。比如说，明代的皇室和贵族这批人比较不一样，他们来自民间，本来是“农民工”。所以他们喜欢的是什么？他们支持的是所谓“浙派”，即风格比较狂放一点，比较有力量，不是那么文雅。我一方面用结构分析的办法，先确定其风格在改变，再用“世变”来说明某些改变的原因。

我们今天看到的南宋艺术都是宫廷艺术，你会感到困惑，为什么南宋的宫廷都喜欢这种小小的东西，都那么诗意和浪漫？这是因为南宋的皇室，经过北宋几百年的发展，是一批非常高雅的贵族。他们具有文人的修养，最喜欢做的事情是把唐诗改一改，来适合他们吟咏。一方面显得有学问，另一方面可以跟唐人分享高古的趣味。不只是唐人，苏东坡也是他们非常喜欢的。他们天天赏花，是什么季节就赏什么花，并且叫宫廷画家去画画。画完以后送给贵族成员。所以他们的画都小，但是很细腻，所谓的诗情就是这么来的。它有诗的浪漫。

这就跟北宋完全不一样。北宋的画大气，讲的是宇宙天地。因为“理学”，北宋人对所谓的宇宙有全面的理解，同时也体现了他们的政治理想。北宋的统治者认为，必须要营造一个很理想的政治。王安石变法就是这个意思，神宗为什么那么积极地支持他，就是因为觉得这是一件大事，神宗要把政治变成理想的政治。所以你看北宋山水画的格局就有那么一点点放大。另外有个原因也比较有意思，北宋处于一个竞争的环境中，外交是不太顺利的，外面有辽，后来又有西夏，这些人在军事上都比较强。后来女真人就把北宋灭了。在军事上比较弱势的时候，要怎样跟别人竞争呢？用文化。至少北宋在文化上赢过他们，这一点北宋是有自信的。

这次李慧漱教授讲到的宏图和小景之分，其实还有一个原因。南宋因为搬到了杭州，南方的一个角落，宣称说要回到北方去，要收复失地，至少宣传上要这么讲。所以它的宫殿不能太大，因为这是临时的宫殿。大画都挂不下，也不会花很多力气去画那些大画来装饰墙壁，实际上可能也没有很大的宫殿需要被装饰。因为南宋不好意思盖很大的宫殿，虽然事实上它已经默认，并接受了偏居一隅的命运。可其实画那些小画，到处送，也很奢侈。像马远、夏圭都是专属大画家，天天画画。他们是专门的一个团队。光想想他们的材料费就很贵。马远的真迹，大都会艺术博物馆有好几幅，台北"故宫博物院"也很多，很多重要的美术馆都有一点。南宋的画，因为都是小画，量比较大，也便于保存。从14世纪开始，日本就通过幕府将军的力量买了不少。

南都：《从风格到画意——反思中国美术史》这本书的主旨是什么？

石守谦：这本书特意提出了"画意"的观念。每幅画，在画出来的时候，都是要表达某个意思的。这个表达是要给观众看的，所以画意不仅创作者知道，而且要确信观众也能知道，能看得懂。这是以前比较少提的事情。比如郭熙的《早春图》，为什么讲它跟神宗变法有关系？因为那幅画的画意基本上就是完美的理想秩序的象征。这个秩序以君主为主，在画面正中有一棵大松树，后面有靠山，像龙的靠山一样。下面，庶民排得很稳，左右两边一层层的。从一般的民间，到中景部分有一些方外的境界，再上面是如龙的山脊，又是一个更高的层次。这是非常整齐的次序，是有道理的。因为郭熙了解神宗的政治企图，神宗也要求他画出来的山水画是这样子。当然，神宗不会具体地指导他要怎么去摆石头，这需要郭熙自己懂得，自己去设计。果然大家一看，这是一个恢宏而有秩序的理想山水，一个理想世界。所以几乎汴梁所有的"办公室"都挂郭熙的画，就好像今天国内的办公室的大墙上挂的都是《江山如此多娇》这一类。它有一种宣誓作用，代表某种政治的气象。

这些相关的事情，图像上就能读出来。比如说，松树为什么要放在正中间？因为它就是君子，是统治者，高高在上。在看过很多图像的安排后，你就能悟出这个规则。所以我说你可以常去看这些作品，有了视觉经验，就能看懂它在画什么。

从画意的角度来说，观众就更重要了。因为画意是要双方去体会的。

南都：2007 年你开始主持"移动的桃花源——10 世纪至 16 世纪山水画在东亚的发展"，请介绍这个项目及其成果。

石守谦：这个项目，将我的研究扩展到东亚。从 11 世纪开始，中国和高丽就有密切的关系。高丽经常有使臣到中国来，并带回很多相关文化物品。中国的这些物品是当时最高级的文化代表物，是邻国的统治阶层追求的目标。我的书名叫作《桃花源》，桃花源本来是个意象，它在中国流行，但你很难想象，为什么在高丽也流行？对于高丽人来说，这个理想的世界，他学到了马上就有了，而不必自己从传说慢慢累积而成一个桃花源的神话。

我特别注意山水画，因为山水画本来是中国独特的东西。它不是风景画，不是画外面所看到的风景，而是画内心建构出来的理想世界，所谓胸中丘壑。这是其他国家所没有的。高丽、日本一看这个很好，他们就拿来，就也有胸中丘壑啦。所以，你可以去观察，东亚的这几个地方怎样共同形塑出来一个有山水画的世界。其他地方是没有山水画的，也就是没有那种文化的。当然在14到16世纪，文化就是士人文化。虽然这是一种偏见，可以说是士人沙文主义，但那个时代是这样看的。我特别利用山水画的观察，用桃花源作为意象的焦点，来看日本和高丽是怎样产生山水画、怎样在他们的文化脉络里使用山水画的。从这个新的角度来看，山水画的成就不仅只有中国的成就，你还会把在高丽的、日本的那些表现都放进来。从这样一个东亚的角度来看，山水画实际上有一个更宽阔的语境。

（2014年11月20日）

郭莽园：我是“野生”的画家

高 远

郭莽园，1942年生，广东汕头人，书法家、画家，西泠印社社员，广东省人民政府文史研究馆馆员。曾受业于陈半醒、赵一鲁、梁留生诸耆宿，国画深入传统，熔南北宗于一炉。书法醉心南帖北碑，尤以榜书见长。兼工治印，也工诗，熔诗书画印于一炉。出版过《莽园画集》《中国水墨收藏·莽园卷》等画册，作品收入《百年中国画家书法》《中国指墨》等书。

郭莽园出生于广东省潮阳市铜盂镇潮港村，一个典型的古朴南国村落。因地主家庭出身，他初中就辍学，数十年浪迹社会底层。直到自己的第 48 个年头，才办了自己第一个画展，背后仍夹杂着些许不安。郭莽园是“野生”的，没有任何科班经历的他，先后师承陈半醒、赵一鲁、梁留生诸耆宿。在粤东摸爬滚打的四五十年间，从研习古法到吸纳汕头民间工艺之精髓，从通读“四书”“五经”到博采众家之长，古典文学、诗词、书画、金石成了郭莽园一生所爱。

今年已七十二岁的郭莽园，烟不离口，看上去依旧充满激情。两个多小时的交谈中，他不时睁大眼睛看着你，满面笑容，却还总担心自己说得不够清晰。“我现在站一天都不觉得累。”郭莽园打趣说，自己现在只有一个目标，就是能画出一捆自己都满意的画作。

年近半百才第一次办画展

南都：你六岁就开始写字刻印，最初是受什么影响走上这条路的？

郭莽园：我父亲是读书人，我从小在家里看到的就是读书人来来往往。他们经常在一起喝茶、读书、写字、画画，而我父亲当时也有意识地培养我这方面的兴趣，我六岁时，他就开始教我写毛笔字。我的第一位老师陈半醒对我影响最深，他与我父亲是朋友。我在谷饶的潮阳五中上学时，就接受老人家的指导，我父亲出国后我就跟他学，陈半醒老师也不收我学费，什么都不用。

南都：他是怎样的一个人？

郭莽园：陈半醒是陆丰碣石人，流寓在潮阳谷饶这个地方。他很有学问，又喜欢文艺，最后没办法就刻印章找饭吃。我与他认识的时候，他和儿子在谷饶小镇上开了一个叫"醒文刊印"的小店，就摆个摊子刻木头章，专门给人家刻银行领款钱需要用的木头章，一个一毛半。老人家会画国画，会刻章，还开过照相馆。

我认识他时，他已经在刻章了。我比较正规地学习了书法和篆刻，是他给了我一条很正的学习路子。从临碑开始到写字，他指导我临汉碑、刻章，跟他也学习一点古典诗词文学等。我也一直看着他画画，但是我那时候没有跟他学国画。

南都：你当时对国画没有兴趣吗？

郭莽园：是的，当时我感兴趣的是西洋画。因为当时我经常在图书馆看《星火画报》，看了外国的油画很激动，觉得油画看起来很逼真，又漂亮，就喜欢上了西洋画，当时觉得中国画太简单了。

后来我为什么又转过来学中国画？就是觉得我们一张真正的外国人画的油画原作都没看过，怎么能把油画画好？所以，我觉得在中国，尤其是我，根本没有学好油画的土壤。另外，当时我自修素描，没有石膏像，就直接摆些静物，或者请人家坐着给我画。但把描绘对象拿开，我脑子就空了，学了那么久，一点都记不住。我觉得不对劲儿，觉得自己画西洋画画不出来，就告诉教我油画的赵适怀老师说，我想转国画了。他鼓励我转过去，认为我学国画更有前途一点。赵适怀说我写字，念诗，还会刻章，那时候我也朦朦胧胧觉得素描那些造型技术已经行了。

他们老前辈对我真好，赵适怀也不收我的钱。（笑）这些老师真的值得学习，那种老师的胸怀对我影响也很大。我在汕头跟哪个老师好，他们都没有意见的，不同的老师可以随便串门。我们这一代人，好就好在老前辈们还没去世，我刚好跟着他们。要再复制一个郭莽园很难了，没有那些老师了，没有那个时代了。

南都："文革"期间因出身问题，你二十一岁就只身跑到汕头谋生，从美术装潢、产品包装、陶瓷工艺到服装设计，数年浪迹在社会底层的经历，给你的艺术道路带来什么影响？

郭莽园：首先是对我意志的锻炼，我觉得很重要。这样的经历会让我对自己所学的东西要求很严格，生活逼着我不能马虎，不会的东西要马上去学，所以你看潮汕工艺我什么都会。我也会去探讨民间的工艺技术、创作优点。民间艺人对于动态、情态，从观察到表现，我觉得做得很到位，这一点对我的绘画肯定是有帮助的。这样的经历一直持续到我四十多岁，如果我没有经历过这种生活，我不知道我会变成什么样。

南都：到了20世纪90年代，接近半百的年纪，你才办第一次画展。为什么？

郭莽园：我出身不好，政治上的压力对我来说真的太沉重了。我以前在工艺厂工作，因出身问题，很自卑，也很低调，开画展当然也不敢想。那种政治上的压力，你们这辈人不知道。

到了90年代，我觉得当时形势不错，有条件了。以前我画画从来不随便拿出来给人看，所以，当我在广州开画展时，人家就很惊讶，郭莽园会画画吗？因为以前即便是在自己家里我都不挂自己的画，人家就知道我会写字，而不知道我还会画画。到了1992年，在北京中国美术馆搞画展，人家才知道郭莽园会画画。

文人画应先说画

南都：陈衡恪曾提到文人画有四个要素：人品、学问、才情和思想。在你看来，文人画应该是什么样的？

郭莽园：中国的绘画受到书法上的影响，唐人尚法，宋人尚艺。书法是这样，国画也是这样。唐代以前，都是讲求法度。而到宋代，比如米芾、苏东坡都是抒情的书法多，对"法"已经不太重视了。

以前文人画叫士夫画，要是饱学之士，为了抒发感情，进行心里的表达。以前的士夫画，是很业余的。画得像不像没关系，只要你把这个意表达出来就行了。以前文人画对画技没有太高的要求，因为他们是文人墨客，业余的书法。我们现在说的文人画，第一个，画技一定要过关，加上是一个文人，有文人情怀。文人画应先说画。

文人则包括两方面：思想，诗情。世界观、人生观决定你有什么品位，只有扩大自己的诗情，才有画意。我认为，文人画家首先是一个技艺高超的画家，再加上半个哲学家的头脑和半个诗人的情怀。如果还有，就是把这些都结合得非常好，把自己所想能表达出来。要有书卷气，要有文化气息，要人家一看就能感受到，才叫文人画。

南都：有了高超的技艺、哲学的头脑以及诗人的情怀，是不是就一定能画好文人画？

郭莽园：能否有大成就，都是天性。要成为一个非常好的画家，我觉得灵性很重要。好多人，你看他出手，就知道他成不了名画家。我们说色彩是智慧，素描是功力，素描可以用功力来完成，色彩是天生的，理论上可以学，但要表达得好，绝对要有天性。此外，如何把你的思想和情怀转化成绘画语言也很重要，也会有很多人转不过来。书法为什么是艺术而不是写字，就是说用文字这个载体把心里的情怀表达出来，好多人就永远是写字，绝对没有把它变成一种语言表达出来。技法是写字，所以很多书法家技术高超但是没法驾驭，没有驾驭抒情达意的能力。

南都：那么，陈衡恪说的“文人画不必在画里考究艺术的功夫"，这个话你肯定不同意？

郭莽园：不同意。一个文人画家，如果没有高超的技艺，你怎么表达？比如，用书法入画，点、线是我们中国画的灵魂，线条本身是有生命、有惊喜、有感情的。用同一支笔、同一张纸，一个没有经验的人画一条线和我画一条线绝对感觉不同。线条有无生命力，线条的节奏，线条的聚散、提按、快慢等，都需要经过训练。现在很多人线条都是不过关的，对于中国画，如果一个画家连书法都不过关，肯定成不了大名家，这点非常重要。到现在为止，我还经常临帖，经常做书法上的训练。

南都：书法上的训练实际上对绘画是一个基础，对吗？

郭莽园：书法比绘画更抽象，更需要凭感觉。绘画还有一个形，书法更抽象。你更要研究它怎么表达，怎么把它变成一种语言。在我们那个时代，50年代，这些老先生真的有深入的研究，但现在好多人，现在那些培训班，很多都是误人子弟的。

中国画其实有很多程式化的东西

南都：你除了书画，还工印、诗，有人说，诗书画印要面面俱到，才是一位好的文人画画家，你觉得呢？

郭莽园：我六岁就开始学习书法，后来学篆刻，书法和篆刻有一个共通点，它们都是我们中国的，红白、阴阳、黑白，都是一样的，通的。

至于画画，一定要意在笔先，要先有个意，没有这个，你整个的平铺直视有什么用？一定要在画之前想到一点什么诗意的东西，才知道这幅画要强调什么，忽略什么，在哪里应该留白等。在画中国画时，很多人都忽略用印，但印章不重要吗？印章在整个画面上，用多大，用阴文还是阳文，用什么样的印章才与画协调。如果你真的想追求完美，这些都是必修之课。

南都：你曾说过，“我可是‘野生’的，不是人工养殖的”。文人画画家都是“野生”的吗？

郭莽园：说我是“野生”的，是相对于中华人民共和国成立后引进西方的“学院派”而言的。其实我有拜师，也有老师传道、授业、解惑，应该说作为中国画画家，我是有师承的。说我是“野生”的，是说我没有美术学院的这种训练，仅是初中学历，又非科班出身，就像老中医收徒，我就是这么被带起来的。

文人画画家也不一定都要是“野生”的，只要整个培训过程很系统，课程安排得好，也没问题。比如说，原浙江美术学院即现在的中国美术学院，当年潘天寿当院长的时候，先开书法课，讲的是中国美术史，偏重传统，请的是高级的老师。

只要有个好的培训系统，因为现在不可能一个老师带一个学生，课程设置更合理，也能培养出好的文人画画家。比如说不考英文，让学生们多读一点唐诗宋词，多读一点科学。英文课和我画国画有什么关系？到现在为止，我可以坦白跟你说，我只知道 A、B、C、D 四个，其他我都读不出来，但完全不影响我画画。这些跟我绘画没有太大关系的东西，我都会自动删除。

有好的系统，在学院里头培养也完全没问题。比如，以前上海美专就培养了很多优秀的画家，上海美专这帮老先生上课时，只说“同学们你们看”，便一堂课从头画到尾。老先生演示，学生自己看，他们有这个功力，他们愿意给学生看自己是怎么画的。等到下课了，学生哪里不理解，老先生会告诉学生这个是从哪一本画集上搬过来的，哪里是我自己想的，为什么要这么画。

南都：新的美术教育制度建立在西方的素描、色彩基础之上。如今多数美院强调学生初入学便学习素描、色彩等西方绘画技巧。对此，你怎么看？

郭莽园：当今很多国画家，因为在院校里培养，开头都是注重色彩、素描、书写。考进美术学院以后，第一年、第二年好像还在搞素描，搞色彩，最后才分科，才用毛笔。这有点不够，学国画的作业量远远不够。民国时期的二流、三流画家的笔墨甚至比当代好的名画家的笔墨都要好，这其实也和现在学院的培养方式有关，培养不重视，而不是这个画家不努力。

现在的写生和过去好像也有点区别。我的老师们，出去旅游都没有带工具去画的，只是带一个小本子，以前也没照相机，勾几笔就完了。老师的写生只是去熟悉、了解整个山，去和山林对话，要怎么去看这个点，怎么认识这座山的品格、形象，是用心和它交流。

我们中国画其实有很多程式化的东西，就像土坡的山、石头的山、丹霞山等，怎么去表达都已经总结出一套程式了。什么故事用什么程式表现，无论多复杂的情景、多复杂的故事都可以用程式去表达。中国画毕竟是个意象，是心里想表达出来的东西，这里有个对传统的积累。你说你不用，重新创造，古代人都已经积累了很丰富的绘画语言，你可以在他们的基础上发扬光大，但丢掉这些东西肯定不可行。

现在美术学院这种教育方式已经说了很久，对于中国画肯定有障碍，要改革。但这么大的国家，改了要谁来教？美院出来的学生就在美院教书，明明知道不好，但这么庞大一个美术教育体系，要改不容易。改了，原来教这些的老师去干什么？谁来接班？民间是有高手，但没有文凭，我们敢不敢像当年的潘天寿办上海美专的时候，让这些民间高手直接来当老师？至少现在不可能。

南都：那现在已经学成的国画家们，他们的路子在哪儿?

郭莽园:每个画家对自己的定位,都会不同。比如说,很多画家想进全国美展,那他一定要琢磨现在美展要求什么?评委喜欢什么?他们会去琢磨。这些人不是不聪明,这类人中高产户,得了奖的高产户也特别多。

像我,也没什么大志,就喜欢画画,觉得画画很轻松,可以抒发我自己的感情,我自己画着玩。利用自身的优点,我选择文人画这条道路,至于画到什么程度,那就看我自己怎么努力。各个人的定向、宗旨不一样,也就是说,每个人都会选择自己的一条路去走。

为什么现在有些人就是希望搞一点什么思潮,搞一点什么西方已经过时了很久的东西。这其中很多人线条都没练过,画也画不出什么,结果说来搞"行为"了。其实我们中国画非常局限,中国画就在一个平面,二维的宣纸上进行一种抒情达意的表达。你如果思想没有改过来,眼睛没有改过来,手上的线条没有改过来,是画不好的。说是简单,但做起来,练过没练过,马上就知道。

我接触过一些年轻人画大写意的，他们明明白白的，有的画得还可以。但你问要他们怎么办，他们还是一定要进全国美展，才能成为中国美术家协会的会员。他们如果要吃这碗饭，一定要去哪里进修，一定要有个文凭。现实就是这样，没办法。

家里就欠着一捆好画

南都：有人说，当今社会，文人画生存、发展的土壤实际已荡然无存。

郭莽园：中国的国学还在，中国的书法、文字还在，怎么会消亡？我认为一个民族积累了几千年的历史是不可能消亡的。艺术是人们精神上的需要，我们有这么悠久、这么优良的传统，怎么会消亡呢？我很乐观，真的。

我们那时没有办法，像我绝对没有办法成为一个画家，我想都不敢想。那个时候买纸的钱都没，练字都是在红砖上，一支毛笔，就这样写了。我想学点素描，没有石膏，那就请人做模特。国学没有消亡，文字没有消亡，这么丰富的土壤，文人画消亡不了的。这样的说法其实是吓唬人的，现在既然已经提出来，就是说明还有人惦记，还有人喜欢。

南都："天不怕，地不怕，就怕有些文人要画画。"这句话近来引起较大的关注，你怎么看?

郭莽园：这个我在网上也有看过。因为在我们的绘画里引进西方教育后，对我们中国传统的文人画，慢慢地淡漠了。很多画家也没有像以前那样，进行纯粹中国画的那种训练，都是用西洋画的方法来画，所以造成了很普遍的现象：一是以素描作画；二是线条都比较幼稚，没有太高的功力。现在江湖上，好多人都是这样子。那些人画的都乱七八糟的，因为人们的审美没有那么高的分辨力。

因为普及的美术教育没有搞好，很多人都是画盲。进而造成很多原来没有绘画基础的人认为，画画就是乱七八糟地画。因为人们对中国画这种教育的重视程度几乎没有。就像西医一样。现在我们中国整个的医疗体系偏向西医，中医非常边缘化。中国画原来传统的文人画更加边缘化了。

但我也认为现在很多画家没有那么烂，我很乐观。他们用培养自己的这套东西，非常努力地在画画。我自己也很得意，经过这几十年对眼睛的训练，忽悠我不太容易，好不好，有没有功力，基本上，我还是能看出一些。

你写得好不好，画得好不好，图像的气息怎么样，应该说，因为我训练过，也走过，所以能看出来。从以前到现在，我都不断为自己设定一个标杆，解决了这个问题，再设定一个标杆。这个问题，我解决了，你没有解决，我一眼就看得出来。你构图没有解决，你书法没有解决，你对于物像、神态没有解决等，我都能一眼看出，这些都是我自己走过的。

你在那里画画，我看你动笔就知道了。因为很客观地，这支笔应该怎么用，才八面出锋，怎么样才入木三分，怎么样是浮的，怎么样才是重的，一看就知道了。

南都：现在你为自己设定的标杆是什么？

郭莽园：我和我太太说，家里就欠着一捆好画，欠着一捆我自己认为满意的画。现在有一些，但是太少了，要一捆。(笑)

南都：文人画在历史上似乎已经达到了令人叫绝的高度。如果回到当下，这样的高度是否阻碍了现在文人画的发展？未来文人画的方向或者出路在哪里？

郭莽园：文人画永远在发展，文人画是极具生命力的一个东西。首先，哪个时代都可以画出非常具有时代性的文人画。不同时代，思想感情不同了，社会环境不同了，但优秀的文人画画家适应这个时代后，绝对能画出好作品。文人画是有生命体系的东西，绝对会发展，也没有高峰，即便有高峰，也是平列的。不像科技，一个强过一个。如从钻木取火到火柴，又有打火机，这是一个高峰叠过一个高峰的，而文人画是一个个平列的。有能耐的、有思想的、有理想的、记忆高超的文人画画家，肯定马上可以适应这个时代。

每个时代也有自己的时代性。我们生活在现在，就绝对写不出王羲之那种字，因为思想感情不同。现在的人都比较浮躁，比如“我马上就要写啊，写完之后要看足球啊”“看完之后人家来买的，应付了孩子可以上学了”等，现在没有那时的心态，没有魏晋时期文人的那种情怀，那种高雅。

但现在这时代，你看信息这么通达，我们能很快进行交流。现在这个地球村，还需要什么画派吗？人家说我是岭南派代表，我说自己只是一个出生在岭南的画家。我的画什么风格都有，南派北派的，我看到好的东西都会去吸收一下。

现在好多画派都很短命，几个志同道合的人凑在一起画出一些好画，就成为一个派。但别人从你这里吸收一点东西，后天又从他那儿吸收一点东西，这些东西就都变了。以前，一个画派延续很长时间，以师带徒，慢慢扩大影响，因为以前没有这么多的信息量，也没有什么参考书，靠老师传给学生一代代继承下来。

（2014 年 12 月 11 日）

方力钧：我只是真实地表达自己

黄 茜

方力钧，职业画家。1963 年生于河北，1989 年毕业于中央美术学院版画系，现任中国国家画院当代艺术研究中心主任。作为中国“后 89 新艺术潮流”最重要的代表，方力钧与这个潮流的其他艺术家共同创造出一种独特的话语方式——玩世写实主义，其中尤以方力钧自 1988 年以来一系列作品所创造的“光头泼皮”的形象，成为一种经典的语符。

方力钧在宋庄的工作室颇有野趣。二层的画室里伫立着几张齐墙高的大画，依然色彩艳丽，情绪夸张，一颗颗光头闪烁出 20 世纪 90 年代的反讽和戏谑。艺术家本人不像传说中那样玩世不恭，甚至站在作品前拍照时还有些拘谨。谈起自己时，他用得最多的一个词是"用功"，二十年前如此，今天依然如此。"我每天就像只小蜜蜂，楼上楼下地忙活。"方力钧笑说。

1989 年，刚从央美版画系毕业的方力钧以一组光头素描在中国美术馆举办的"中国现代艺术展"上崭露头角。此后，一颗粉红色，光溜溜，头骨峥嵘，带点滑稽和荒唐、痞气和戾气的光头，成为方力钧作品的标志。1993 年，方力钧连续参加由戴汉志在柏林文化宫策展的"中国前卫艺术展"，栗宪庭、张颂仁在香港策划的"后 89 中国新艺术展"，以及"威尼斯双年展"中的"东方之路"展览，迅速蜚声海外。他的那张著名的"打哈欠的人"(《第二组 NO.2》)登上《时代周刊》的封面，在西方视野里，被认为无可替代地象征着中国 20 世纪 90 年代的精神气质。

艺术家和批评家之间的关系是微妙的。早在1991年，批评家栗宪庭就将以方力钧、刘小东、刘炜等为代表的艺术现象命名为“泼皮”和“玩世现实主义”。虽然理论高帽扣得煞有介事，方力钧却坦言，无论“光头”还是“打哈欠的人”，在创作之初并没有太多想法，只是真实地表达了自己当时的状态。“如果能把作品真正做到对自己有意义，其实它就是对社会有意义的。”方力钧说。五十出头的方力钧，在人生最喧闹的阶段过后，显得心境澄澈。和方力钧谈话非常有趣，也让人深省：我们只看到艺术家表面的风光和玩世，却没有看到他光芒背后的艰辛、选择和坚持。

在央美时开始画“光头系列”

南都：你是怎么开始画画的？

方力钧：我出生在1963年，因为家庭出身不太好，跟孩子们一起游戏，一旦我赢了，他们会说：“你是地主崽子，你是不许赢的。”我父亲是火车司机。为了尽可能把我留在家里，减少和小朋友游戏的机会，他介绍一些当时工会里搞宣传的右派、资本家教我画画。这些人受过教育，但并不是专业的画家，只能画一点那个时候的宣传栏、板报、大字报等。就是这样开始画画。

小学上铁路子弟学校，学校有一个美术组，所有能进美术组的孩子都有非常好的待遇，给配专属的画板、画架、纸笔、颜料，还有一些画画的道具。我从小学一年级开始申请进美术组，一直没能“得逞”。直到初中，因为跟中学的美术老师相熟，在他的介绍下参加了中学美术组的考试。上初中之后，大部分家庭不愿意让孩子再学这个“没用的”东西，因此报名的人很少。初中以后，我才有机会相对比较专业一点地学习美术。

1980 年我考上河北轻工业学校，那时大学开始招生才几年，社会上积累了“文革”期间大量的各个年龄段的人在考大学和中专，以至于升学难度非常大。我考的那个中专，我们那一个城市才招三个人。我考上时大概十五六岁，但是我的一些师兄考上学校的时候已经三十多岁了。自己运气也很好，傻乎乎的在几乎不可能考上的情况下考上了，学习陶瓷美术。毕业两年之后，又稀里糊涂地考上了中央美术学院。

南都：考到央美的版画系？为什么要考这么一个小画种？

方力钧：我们上学的时候，学校有七个系，版画系处在一个中间的位置，相对好考。考虑到能不能上学，所以不敢考油画系、国画系这样的大系。

南都：你画的“光头系列”最早是在央美开始的吧？

方力钧：那是1988年。可能是因为我在1982年就开始光头了。1988年的时候搞毕业创作，画素描，那个时候没有什么自己的想法。因为常去太行山写生，从朋友那儿借到了一本太行山的资料，就开始用一些素材在纸上构图。一画就画成光头了，也没有什么想法，就画了一组，全是光头，觉得视觉上特别符合自己的心情，看着挺舒服。

南都：“光头系列”刚出来时大家怎么评价？

方力钧：毕业创作需要系里开会通过。我是我们班里第一个被通过的。老师都觉得这孩子太老实了，用这么传统、这么老实的方法来画。我们系主任说，方力钧这个头可以画得再圆一点！后来这个作品到了现代艺术大展，开展之后两个小时左右，有七八拨人想买这三幅素描，分别来谈。那个时候我还是个学生，没有参加过什么重要的活动，也没有特殊的关系，很多的媒体，包括《江苏画刊》《美术杂志》《美术报》都登了这组素描的图。我觉得已经很不错了。后来这三幅素描被澳大利亚国家美术馆收藏。

南都：这样的素描在现代艺术大展上和其他作品比起来是不是还是很特殊的？

方力钧：这个很有意思。现代艺术大展是特别热闹的。有很多吸引眼球的作品，比如吴山专卖虾、张念孵鸡蛋、肖鲁打枪，不可胜数。但我当时感觉，你可以看到表面上的热闹，热闹完了之后，一定有某种东西慢慢成长起来。我可能就是那个慢慢成长起来的小苗。后来这个趋势就更加清晰了。最初的时候，我们可能觉得艺术是一个很热闹的、很极端化的，甚至是形式主义的事情。之后才突然发现，我们生存的很多核心的问题，我们都还没有摸到门，还没有时间去想。所以，我们应该更多地把注意力转回到自身生存的状态和可能性上。在这个时候，那些非常形式主义的东西其实是解决不了任何问题的。但现在看来，任何办法可能都是解决不了问题的。需要一个更广阔的社会的共同愿望和共同想法才能一点一点改变世界。

圆明园画家村的生活

南都：你在圆明园住过一段时间。那时候的生活是怎样的？

方力钧：1989年从央美毕业后，我在圆明园的一亩园租了个小房间。那时很惨，每天为了吃费尽心机。首先得有一点正式收入，我就到央美的业余美术学习班，一个夜校，去教书。每个星期上两次课。从圆明园到王府井，无论是骑自行车还是坐公交车都要两个小时。每个月加上奖金的收入是一百块，正好交房租。这点收入是固定的，也给出版社、杂志社画一画插图，是临时的。

更多的是周末去混饭打牙祭。有时去陈文骥、吕胜中老师家里，因为关系都很好，进门就喊师母、嫂子，说饿了，要吃饭。也会找一些同学去食堂吃饭，最多是在北大和清华，再就是工艺美术学院。总之，北京城里能够找得到的，能够去混的，基本上是排着去混。

当时家里父母很支持我，每个月有固定的汇款。经济方面我算是好的。即便这样，最惨的时候，把床啊、桌子啊，只要能翻开的地方全翻开，把粮票、钢镚儿一个个找出来，等走街串巷的换粉条的农民来了以后，捧着一捧去换成粉条，然后买点白菜，买一点咸盐，买一点挂面。那个时候我最大的理想是能够一下子有三十块钱或四十块钱，能够囤积三四十斤挂面放在家里。因为白菜可以随便偷的，人家门口或者菜店外面都堆积着很多白菜。

南都：你卖出第一幅作品是在圆明园吗？

方力钧：是在一亩园的时候，卖给一个年轻的海外华人。一幅版画卖了一百兑换券。那会儿人民币和美元是不可以直接交换的，要经过一个中间的环节叫兑换券。一百兑换券相当于一百二十元人民币，最高的时候能换一百八十元人民币。

南都：你是怎么认识戴汉志和张颂仁的？

方力钧：戴汉志因为在中国留学，在中国很多年了，在日常生活中慢慢接触。

张颂仁是因为他要在香港搞一个当代艺术展，来找栗宪庭老师。栗老师推荐了我的作品。1989 年之后，其实我们是卖不掉作品的。我跟刘炜两个人基本上活动在一起。刘炜喜欢画一些小国画卖钱，卖得挺好。我觉得他没出息，不应该老画这些，应该画相对比较好、比较正式的作品。我们两个人商量，反正也没有人买作品，与其这样，还不如不受他们的干扰，干脆就不卖作品。所以那时候整个北京城里也许只有我们两个人是号称不卖作品的。等到 1992 年的时候，有三个在海外的展览，澳大利亚的“中国新艺术展”，柏林世界文化宫的“中国前卫艺术展”，以及张颂仁的“后 89 中国新艺术展”。当展览开始筹备的时候，很多艺术家已经把作品卖得零零散散了。卖得很便宜，只有我和刘炜的作品是完完全全在自己手里的。而且我们也做过两次展览，在北京这个地方算是比较引人注目。柏林那个展览没选刘炜，当时我的作品又是最大尺寸的。那三个展览我可能是最大的受益者。

南都：送展的都是“光头系列”作品吗？

方力钧：那个时候已经全面开花了。基本上我工作室里各个时期的作品都被搬走送去展览了。

南都：1993 年还有“威尼斯双年展”的“东方之路”展览，那是中国艺术家第一次参加“威尼斯双年展”。“威尼斯双年展”总监奥利瓦也来挑过作品？

方力钧：关于“威尼斯双年展”有几个重要的人。一个是中央美术学院的同学弗兰，弗兰是意大利人，正好跟奥利瓦有联系。奥利瓦是有国际视野和远见的策展人，所以他决定请中国艺术家参加“威尼斯双年展”。但他对中国的情况并不了解，不知道哪些人是有价值的，哪些人代表了中国的现状和未来。所以弗兰介绍他认识栗宪庭老师。栗宪庭老师带着他看艺术家，说哪些人是必须参加展览的，哪些人是让他去选择的。奥利瓦来过中国几次，每次我们都在一起吃饭、瞎扯皮、做游戏。但那时候我的工作室是空的，作品都在参加展览。栗老师、弗兰他们一起来工作室的时候，看到一个空屋子。奥利瓦很高兴，说无所谓了，请你参加展览，你愿意做什么做什么吧。

南都：所以“威尼斯双年展”的作品是专门画的？

方力钧：对，专门为“威尼斯双年展”画的。用丙烯画的一组特别鲜艳、特别亮丽的画。

南都：就是那组画登上了《时代周刊》的封面？

方力钧：不是，那幅是之前的。那个其实和“威尼斯双年展”没关系。我们在香港和柏林的展览，展出是在 1993 年，实际上工作是 1992 年进行的。那篇文章在《时代周刊》刊出是 1993 年，实际上主要的工作是在 1992 年进行的。

南都：《时代周刊》怎么找到你的？

方力钧：那时候我自己很用功，工作量和作品的质量很稳定。每天早晨六点起床，跑步、骑自行车，有的时候住在外面，就骑着自行车跑到圆明园去画画。一大早开始干活儿，夏天的下午去游泳。当大部分画家中午起床的时候，我一天的活儿已经干完了。在这个过程中，先是国内的报刊，包括《美术报》《美术杂志》等开始陆陆续续报道圆明园。我住在一亩园的时候，只零零星星几个人住在圆明园。起初不认识，后来互相认识之后，人就越聚越多，圆明园画家村便形成了。此后就有很多报道，最热的时候，可能全中国没有哪个地级市的报纸没有报道过圆明园，转载量非常之大。正好在1992年，国内的媒体要早一些，西方的媒体顺着国内媒体也找过来，圆明园受到了极大关注。其实《时代周刊》并不是第一篇外媒报道。更早的是刘香成跑来圆明园给我拍照，他的照片发在《时代周刊》上，不是封面，但比《时代周刊》封面更早。

能够画出自己符号的艺术家屈指可数

南都：那幅著名的“打哈欠”的图是怎么画出来的？

方力钧：那是在不断搬家的过程中画完的。当时很穷，吕胜中老师叫我去帮他代课。他在带辅仁大学在央美的进修班。为了节省时间，我在辅仁大学租了工作室，在那边画了大概半年。穷得不行的时候，又跑到萧昱他们家借宿了半年。中间还是到处找事儿做，不断出去干一点活儿。几乎那个时候的作品都是在不断搬家的过程中完成的。“打哈欠”那幅，光是画框的尺寸就改了两遍还是三遍。最早那张画的尺寸是 2.2 米 ×2.4 米。第一次搬家，发现那张画进不去，斜着也进不去。只好把画拆下来，卷起来，找木工把画框改成能够进门的尺寸，然后再绷上。后来又搬了一次家，发现那张画又进不去，只好又把木工找来，再把画框改小一点。

南都：它后来成为了一个时代的标志。

方力钧：如果你知道自己当时的心里状况就一点不奇怪了。艺术本身对于你个人有意义才是最重要的。像是耍猴、做杂技表演，台下一片叫好，但它跟你的精神世界没什么关联，那不是我想要的状态。那时候画画很单纯，就是不断地去修正，找自己的感觉，能否为自己内心的感受找到最接近的表达方式。画的时候并没有太多的想法。后来的反应倒是自己创作之初所没有想到的，也是因为这个结果，我才知道，如果能把作品真正做到对自己有意义，其实它就是对社会有意义的。

南都：参加了这几次国际展览之后，你是不是立即就红了？画也卖到很高的价？

方力钧：画卖到很高的价从 1992 年下半年就开始了，那时候我差不多就是最富的人了。

南都：是小伙伴里最富的人？

方力钧：可能不仅仅是在小伙伴里。在 1992 年年底 1993 年年初，意大利服装设计师瓦伦蒂诺到我的工作室买画。两幅作品，每幅是现金一万美金。那个时候，我有一百美金可以特别幸福地生活一个月，而且每天请很多人吃饭。瓦伦蒂诺买走的就是参加“威尼斯双年展”的那几幅画。

由于海外媒体报道得很多，外国的收藏家也希望看到中国新近发生的事情。那时候很奇怪，圆明园整个村子还在共用一个公共厕所。在这样的地界上，会突然开来五六辆“奔驰600”，每个人都带着保镖，那些保镖也没有地方坐，穿着很正经的西装，在厕所和垃圾堆旁边守着。可能有几个人是比较有名的，会有一些藏家来看。因为大家都比较穷，也是好朋友，所以尽可能领着他们到各个艺术家的工作室去转。

南都：有一个很重要的人物是栗宪庭老师，他直接推出了“玩世现实主义”这个概念。你和栗老师是怎么认识的？

方力钧：我和栗老师的渊源就深了。我们都是邯郸人。大概1982年的时候，我的一个恩师郑今东，在栗老师去邯郸的时候，让我带着我当时的木刻作品去见栗老师。栗老师那时在《美术杂志》工作，他看了作品，有提携后进的意思，说你把这些木刻的照片寄给我，我在杂志上发表。我觉得我一小屁孩儿，什么都不懂，就说这刻得不好，以后刻了好的我再给你寄。栗老师说不用了，你已经懂得艺术是怎么回事儿了。我当时一听蒙了，又兴奋，又晕。怎么回事？怎么就知道艺术是怎么回事了呢？哪有那么简单。结果我没有寄照片，也用不着寄照片，因为他回去就被撤职了。有了这层关系，读大学之前我到北京也常去看他，到了1985年我读大学以后就更频繁了。那时候栗老师家里也是我们混饭的主要场所，经常到他家里打地铺，他家住满了人。

南都：后来就是栗老师和张颂仁把你们送到国外去的？

方力钧：栗老师起了非常重要的作用。当时他把我推荐给张颂仁，张颂仁过来谈生意，谈买卖。我们知道作品可以卖，但没见过代表资本主义这么赤裸裸地就来谈生意的。所以我跟张颂仁打架，把张颂仁骂得狗血淋头，说怎么可能呢，这是艺术啊，又不是商品。张颂仁很不满意，去跟栗老师告状，说方力钧不能要，这个人太过分。栗老师说，这个人不要的话这个展览就不能成立了。经过几次打架，把价钱全部讲好。张颂仁买了四幅大的作品拿到香港，展览过后，又拿了一叠现金过来给我。我说干吗？他说不好意思赚得多了。我说不用了，我们都已经讲好了。但他硬要塞给我。

这是我们一开始打交道。后来这么多年就变成了老朋友。

南都：那个时候可能还不习惯这样的思维方式，直接给画谈价格？

方力钧：可能受不了的是，你觉得这是个伟大的事业，他却以买卖鸡蛋的方式来跟你讲这个价钱。但那个时候其实艺术家是特别需要钱的，大家都穷得要死。他买我那个作品的价钱是四千美金一幅，虽然比不了瓦伦蒂诺，但也是很多钱了。

南都：1993年那次“威尼斯双年展”你去了现场，有什么感受？应该也是第一次看到真实的外国艺术家的作品吧。

方力钧：回来的时候我想，要把我称为一个当代艺术家的话，我感到很委屈。我不想成为那样一个当代艺术家。因为第一次看到大规模的当代艺术展，那么多作品，基本上是跟你没什么关系的。所以回来之后，第一，对把自己称为当代艺术家这种说法很愤怒，很不能接受；第二，坚定了做艺术只对自己有意义这样一个信念。在那之前，因为历史、教育的原因，有盲目崇拜的心理，对历史上的大师、各种名家礼敬有加。可当你在现场看完之后，你会发现，只有面对自身现实，对你自己有意义、有价值的艺术，才是有意义的。这样反倒让自己对艺术的认识明晰了。

南都：2012 年你被聘为国家画院当代艺术中心的主任，作为一个体制外的艺术家，为什么会接受一份体制内的工作？

方力钧：我觉得人离开体制是完全没有意义的。因为体制实在太强大了，如果连体制都不注意你，可见你的渺小。我们有的时候有个思维定式。在这个社会里面，我看到的是不同的个体，这是我习惯的看问题的方式，而不是说谁是体制外，谁是体制内，它不是敌对的两个范畴。很多体制内的人会辞职，很多体制内的人有更开放、更宽容的态度，有些体制内的人在关键时候反倒是最坚决、最舍身去保护别人的人。也可能这个体制外的人是个完全不负责任的人，他只不过是以体制外这样一个标签来获得他自己想得到的东西。所以问题不是我们简单地以体制外和体制内制造一个楚汉鸿沟就可以解决的。

既然现实生活里有体制内和体制外，而且体制内比体制外更加强大，我们为什么不在这方面有所作为呢？我个人觉得这是一个不用讨论的话题，大家这样去问的时候反倒变成一个话题了。

南都：现在大大小小的艺术奖实在太多了，尤其是给青年艺术家的奖项。这和你青年的时候很不同吧？

方力钧：年轻艺术家应该受到鼓励支持，更重要的是应该受到磨炼。其实大家现在一窝蜂地都扑向年轻艺术家，正好就像刚才说的，没有一个判断的标准。老的艺术家，实际上是今天的所谓年轻艺术家的未来。如果现在老的艺术家不受尊重，可以想象现在受追捧的年轻艺术家将来是什么样子。

南都：可能有人会质疑说，你画差不多的形象画了很多年，没有特别大的改变，你怎么看这样的意见？

方力钧：这基本上属于盲人谈画，如果他懂的话，就不会说这样的话。如果说这样的话，他就是个外行。

外行的话就不用去听了。这是一个艺术家的选择。人类上千年的艺术史，真正能够画出自己符号的艺术家屈指可数。在当下，大家企盼艺术家不断有新的惊喜，这种心情可以理解，但是如果对历史稍微有点了解，就会知道一个艺术家能够创造出属于自己的符号，本身就是件了不起的事情。他做了这么了不起的事情，如果他想用这个符号去换取一点利润，别人没有权利去指责。当然，如果这个艺术家不愿意继续重复这个符号，愿意不断拓展自己的视野或艺术，这也是艺术家的选择，而不是别人指责的结果。

（2015 年 4 月 16 日）

罗中立：坚持自己的根土才能有好收成

黄　茜

罗中立，油画家，生于重庆。1982年毕业于四川美术学院，现任四川美术学院院长。1981年，罗中立的油画《父亲》获第二届“全国青年美展”一等奖，《人民日报》金奖，被认作是当代美术史上的里程碑，在国内外产生广泛影响。其代表作品有《父亲》《荷花池》《蝉鸣》等。

6月10日，“立语行艺——罗中立的艺术”亚洲巡回展在上海佳士得驻地安培洋行举行。安培洋行紧邻外滩，英式古典主义的建筑外观，混搭馆内罗中立粗粝生猛的乡土风，倒也格外鲜活。

即便是对艺术极少涉猎的人，也听过罗中立的名字，也会在他那幅带着土腥味的满脸沟壑的《父亲》肖像前被饱满的现实感击中。罗中立成名甚早，《父亲》是他在四川美院读大三时的作品。这幅画送审“全国青年美展”，被时任《美术杂志》责任编辑的栗宪庭破例用作封面，并于1981年获得第二届“全国青年美展”一等奖。

虽然领袖像尺寸的老农像横空出世不乏争议，但它的确让几代人都记住了罗中立，今天，面对最年轻的观众，它依然没有丧失那种从泥土里生长出来的既粗砺又幽微的写实力量。

但罗中立并不仅仅是画《父亲》的罗中立，作为一个自觉的艺术家，他早就走过了《父亲》的阶段，抛弃了当时叹为观止的“照相写实”画风。20世纪80年代在比利时皇家艺术学院留学的经历，让罗中立立志决不做西方油画的“山寨版”。看够了世界艺术精美绝伦的长卷，罗中立回到大巴山，寻找扎根民族传统，又能“撞到他心里”的当代艺术。

无论是在罗中立的言谈中还是画笔下，大巴山老乡的生活：赶场、过河、晚归、拥抱，都那么诗意优美，从夸张的线条里勃发出清新茂盛的生命感。乡土题材是罗中立一生的选择，他说：“坚持自己的根土，从这里才会有好收成。”

“画创作我比他们还来劲一点”

南都：你为什么喜欢画乡土题材的作品，这和你的个人经历有关吗？

罗中立：我老家是农村的。我爷爷那一代住在重庆乡下，爷爷是位教私塾的老先生，属于乡绅阶层。听我父亲讲，家里堆满了私塾的各种书籍、笔墨纸砚。我父亲的书法很好。这形成了我最初在美术上的积淀。

我是怎么开始画画的呢？小时候我在歌乐山中学读

初中。有一年儿童节，有个国际儿童绘画展在香港举办，让我们报名参加。学校特别设立了兴趣小组。我画了一件作品叫《雨后春耕》。画的是春天雨后一个农民在耕地。这件作品入选了以后，我还得了一张证书、一元钱的稿酬。我马上把钱交给家里，那时候一元钱是个大数目。一个家庭月收入也就十几二十元。从那件作品开始，我就觉得以后要当画家。当画家的路径当然是要考学校。那就考四川美院附中。

南都：在四川美院附中时第一次去了大巴山？

罗中立：四川美院附中上课有个要求，艺术要跟生活结合，我们就去了大巴山上课、画画。离开城市，去到大巴山，见识到了跟我的生活完全不一样的天地，留下了很深刻的印象。我们当时也就是十几二十来岁，在乡下跟农民同吃同住同劳动，艰苦的生活条件、贫穷以及他们生命的强悍，在我看来是很动人的。后来《父亲》的原型其实就是在大巴山上课有缘认识的。我住在那个老人家里，跟他们一起下地干活，还抢着割麦子，晚上睡觉感觉腰都断掉了。课堂搬到下面，不是下去就画画的，首先要体验他们的生活、感情，要用他们的感情来画画。一周里面，有几个时间大家集中上专业课，画贫下中农，不能画“地富反坏右”。我们这个年纪的人一说就明白，那是时代的要求。

南都：这次展览中有一张油画《故乡情》是你的第一件油画创作作品。那时候你已经考入四川美院，请介绍一下当时创作的情况。

罗中立：这张画是大二画的，大二的时候刚好遇上全国美展，大三的时候刚好遇上“全国青年美展”。在考上四川美院之前我是画连环图（画）的，那个时代很多艺术家都会画连环图（画），陈逸飞、陈丹青等上海的一批艺术家也画连环图（画）。画连环图（画）的经历，使得我们这个年代的画家一路受益。

这张画是我的第一张油画。当时歪打正着，本来想考国画系，因为1977年恢复高考的时候，四川美院没有国画专业，所以我报了油画。因为一直在画连环图（画），所以上课是不认真的。上油画课还被我们系主任拧到办公室去个别谈话，就这样一个学生。因为有画连环图（画）的经历，我发觉，上课训练我画不过同学，但是一旦画创作我比他们还来劲一点。因为一幅连环图（画）要有很丰富的画面，都是凭空想的，不用模特儿。我的同学照着模特画，不如我画过连环图（画）的人那么自由。

为什么第一个创作题材选择了彭德怀？那时候正好有一种“文革”之后被称为“伤痕”的情绪，当时的诗歌、电影、绘画，都有对“文革”刚刚结束的反思。

我们对油画一无所知，当时也是想努力突破和尝试。这些土石的肌理是我当时吃馒头剩下的渣滓。那会儿上课要用馒头来画素描，我把那些大家画素描用的馒头搜集拢来，用颜色把它粘上，做成了画的肌理。因为是经历三年困难时期过来的，把粮食的意义放了进去。后来第二年画《父亲》的时候，父亲脸上也有一些馒头做的肌理。后来我看到照相写实艺术家的作品，发现跟我画的完全不一样。他们画得很光洁、很薄，像照片，但我画的还是像油画的肌理。

《父亲》是最早的观念波普

南都：提到你的名字，几乎所有人都会立即想到《父亲》。那是用领袖尺寸画的一位朴素的老农，已经成为中国美术史上不可置疑的经典。画这张画时你还是四川美院大三的学生。画这幅画的背景是怎样的？如今回看《父亲》，你有什么感触？

罗中立：《父亲》这幅作品是一个时代的特定产物。我不画也一定会有张中立或者李中立来完成这样一个处在中国艺术转折点上的作品。

刚开放国门时的一代年轻人，他们求知的欲望，了解世界的欲望，是今天的人们所无法理解的。在这样一个背景下，我用领袖尺寸画了一个普通的衣食父母的农民，其实它的意思，它的暗示，它的观念就是说一个时代走向另外一个时代，一个人的时代真正地回归了。所以我们今天回过头去看，这件作品实际是观念性的。但是在我创作的当时，并没有形成这样清晰的思路。这种主题会压在画的后面，在那个时代还不能说清楚的一个想法，却正是我这张画最重要的主题。至于细节的刻画，借用了照相写实，在当时也算是对中国美术写实概念的突破。所以，当时大家虽然没有看懂我刚才说的最重要的主题，但画面直观的形象、老人那种深邃的目光和沧桑的形象也足以使人震撼。在那个年代中国只有一个全国美展、一本美术杂志、一个美术标准，就是革命现实主义下的红光亮、高大全。在那种单一和保守的氛围里，它也足以震撼整个中国的观众。

三十多年过去，看到中国当代艺术一路发展，现在重新总结《父亲》，我认为它突破了当时写实的概念，借用了西方照片写实，所以大家在美展上看到时很惊讶。它甚至含有早期的观念波普的概念，是一件最早期的观念艺术。它开启了中国当代艺术巨幅大头肖像的模式，后来有很多艺术家，包括我自己也有很多作品，一直源于此种。

南都：《父亲》在“全国青年美展”上获奖后引起了很大争议，这些争议有政治性的，也有美学的。它们对你后来的创作可有影响？

罗中立：争议主要集中于两点。刚刚开放，在理论界极左的思潮还有很大的势力，这种势力到今天依然存在。“文革”的标准是红光亮、高大全，工农兵的形象一定是很正面的，颜色很鲜亮，很健康，是微笑的。有人认为这样一个朴实的、沧桑的老头儿是在攻击社会，这是一件很阴险的、很恶毒的隐射时代和共产党的创作，从政治意识形态的角度来看是一幅很坏的画。这个标准在“文革”前十多年就有，被“样板戏”推到了极致。突然画出很真实的、苦不拉叽的形象，被认为是在抹黑、攻击、控诉今天。

此外关于父亲耳朵上圆珠笔的争论。批评家认为这件作品已经很完整了，加支圆珠笔是画蛇添足。但我较认同另一个观点。因为那时候上全国美展要通过好多次审查才能入选，一方面是内容的政治性，另一方面是它的艺术标准。

看见《父亲》这件作品，大家拿不定主意，这是好画还是坏画？当时四川省美协主席是延安出来的革命艺术家、老前辈，很资深，人非常好，他希望把这张画推上去。但这张画确实超出了当时审美的标准，一张好画的标准，一个入选全国美展的标准。所以他拿不准，这么朴实，像一个旧社会的农民。他提议加支圆珠笔，代表新社会的农民，因为他有文化了，通过扫盲了。

可我加这支圆珠笔和他提出的意见刚好相反。如果大家都把这张画当成旧社会的农民意思就不大了，充其量就是对旧社会的控诉，是忆苦思甜。正因为他是今天的农民，是我们现实中的农民，他才有意义。所以我的接受和他的出发点刚好相反。这支圆珠笔恰好客观地记载了这段历史：我们的展览制度，我们政治和艺术的责任关系，以及艺术家个人的状态和处境。我觉得非常鲜活。不要说该还是不该，对还是不对，它就是非常客观地记载了那一段历史。当然，这些争论并没有影响我日后的创作。

南都：《父亲》其实不是一个单件，在它之后还有一个系列。有一张《春蚕》，是父亲的姊妹篇？

罗中立：画完《父亲》之后就画了《春蚕》，正好在《父亲》和毕业创作之间。当时也是作为《父亲》的姊妹篇来画的，男耕女织是中国标准的传统结构。我画了一个养蚕的母亲形象，没像《父亲》用正面的肖像，而是利用母亲的头发和蚕茧的关系，借用了李商隐的诗句来寓意中国人淳朴、勤劳的传统美德，以及这个民族的忍辱负重。跟父亲相对应，但是又有区别。一路走下来还画了《苍天》，只有一个背影，干裂了的土地，象征中国当时的状况，一场大雨，象征三中全会，给中国带来了希望。还画了《祈》，当时虽然改革开放了，大家依然很担忧，会不会又回到过去？《祈》既是一个传统的动作，又道出了那个时代社会上的担忧的情绪。都是以农民题材存在的，从乡土题材里，也可以创作出很当代的作品。

南都：2006年左右你曾经说要重画《父亲》，很好奇现在进度如何？

罗中立：《父亲》的影响太大了，很多人提出来是不是重画。作为一个艺术家，把美术史上的作品，或者自己的作品重新演绎一直都有。十多年过去，我还没找到再画《父亲》的好的角度和方法。这个提问是蛮有意思的，对个人艺术的不断深入和尝试来说，它也是很有意思的命题。一件家喻户晓的作品，你如何在重新创作的时候赋予它新的内涵？虽然还没找到合适的方式，但至少有一点我很清楚，一定不重复当年的写实画法。我至少清晰地知道我不会再重复《父亲》。

南都： 你不但是中国“文革”以后的第一批大学生，而且也是第一批留学生，在 1984 年公费留学于比利时的皇家艺术学院，那时候中国极少艺术家能在海外学习。这一段旅欧经历对你日后的艺术有什么蒙养？

罗中立： 当时四川美院有两个留学名额，一个雕塑，一个油画。这个名额能轮到我头上，还要感谢当时的文化部艺术顾问江丰。他是艺术界的元老，当时的最高长官，也算是最高领导。大四我开始以“故乡组画”为题画毕业创作，将近画了一百幅手稿，那是在现场，回到大巴山去，跟农民吃住在一起画下来的。因为时间关系画了三十八件，毕业展出的时候，创下了四川美院历史上毕业生作品最多的记录，至今我想没有学生打破这一记录。江丰正是看到这个毕业展览，点名将一个出国名额给我，我才有幸能够在中国的第一批公派留学名单中出现。

我是1983年年底去，1986年4月份回来的，两年多一点时间。那时候是转型期的开始，对我们来说充满了新奇、渴望，如饥似渴。出国也是，我觉得这辈子再也不会有机会了，真的是每个地方都不想漏过，一张张地读画、做记录。

回来以后大家还有一个集中的提问，在艺术方面你体会最深的是什么？我说每个人的回答可能不一样，就我而言，我的回答是“炒冷饭”。所谓“炒冷饭”还是说回到自己的传统，回到自己的根，回到自己的生活。因为留在国外是很多艺术家非常向往的。对学理工科的来讲，由于巨大的教学、实验器材的差距，很多同学选择在国外发展。但是作为学艺术的，因为个人情怀，回到国内是我非常重要的选择。坚持自己的根土，从这里才会有好收成。

回到自己熟悉的乡土题材

南都：你怎么看待当时国内正在涌起的新潮美术？

罗中立：当我回来的时候，正是中国的“85新潮”突破期，我们的美术圈要到国外去寻找更大的参照点。那时候我恰恰回来了，后来看《围城》很有体会，外面的人想冲进去，里面的人想冲出来。

在这之前世界只有苏联，我们满脑子都是苏联的巡回画展。当我们看到了世界，看到了整个美术史以及它的延伸过程的时候，我已经开始思考。出国最大的收获就是我知道了我以后该怎么画，其实我心里面已经打了草稿，已经做好了准备，就是回到自己熟悉的乡土的题材，去寻找中国人自己的当代艺术表现方式。

我在国外努力地学习他们的东西，试图能够通过学习、消化寻找到自己的艺术语言。“炒冷饭”跟这个主题是相关的，只是说得幽默、调侃一点。今天如果我要做一个展览，在卢浮宫跟我的同行、跟东西方做交流，我应该创作什么样的画，用什么样的展览，来跟他们交流、对接，当时我心里面都不清楚，唯一清楚的就是不能画出来的画让他们说是山寨的，是从他们那儿学来的。当我画完毕业创作的时候，我认为已经和《父亲》完全背离了。但回过头来看，还是借用了西方，像米勒等我喜爱的艺术家的话语方式和语言修辞来讲中国的故事。

南都：这导致了90年代及以后你画风的转变，以及后来的线性画风的出现？

罗中立：乡土题材我一直坚持三十多年没有放弃，但是画风一直在不断地调整，实际上就是围绕我回国以后给自己立下的这样一个命题在做。今天呈现给大家的像版画、线性的画风，实际上就是回到了中国的传统，回归我们自己的习惯审美。题材已经变成一个媒介，从当初的乡土风情主题转换成绘画本体主题。怎么去寻找你绘画主题里面个人的风格？翻开美术史我们知道，架上绘画在今天的主流里面已经逐渐边缘，但仍有很多艺术家试图寻求突破。在这个过程中，从我们的传统文化和审美习惯里，我找到了当代性的元素。

油画是一个外来画种，当代艺术的系统也是从西方沿袭过来的，我们如何真正地由学习、消化变成原创？同时，从早期的毕业创作《故乡组画》直到今天三十多年过去，人性、爱情的主线在我的艺术里贯彻始终。改革开放以前，你画人性题材，因为时代背景不一样，意义也不一样。今天这么开放了，人性已经很张扬了，大家很自由了，这是我们这代人经历过的前所未有的最自由、最开放的时代。在今天经济高速发展，都市化、城市化的进程当中，我学生时代山区生活里的人性画面一直萦绕脑海，不可磨灭，以至于成了我整个艺术创作的源泉。

南都：近两年你也做一些雕塑，这是试图将二维的图画推往三维的表现方式吗？

罗中立：简单讲其实就是把我绘画的一些元素，色彩、造型、情节，转换成一个三维的空间，也可以说是立体的绘画。有些题材，我觉得一两张画不足以表达我的感受。我画了很多《拥抱》，很多《晚归》，很多《过河》。《过河》是我在山区赶场时记录的场景。赶场是乡里人生活中很隆重的事，赶场那天会打开箱子换上新衣，特别是年轻人，他们会到乡场去见朋友，做交易和感情的交流。有时候夏天突然遇到山洪，平时踩着几颗石头可以跳过去的小河，突然变得很宽，虽然并不是很深。这种时候，我看见赶场的农民过河的场景，真是非常感动。每一个场景都是一幅画，你坐在那儿，把你的素材整理出来，一辈子都够用。洪水涨起来以后，哗哗地流走。桥也被冲掉了，小溪变得汹涌。水的声音和人们赶集的声音，大家一起搀扶着过河的样子，真是非常好看。在今天的城市化进程中，农村已经不是当年的农村了，但是这些场景永远在我心里保留着。

南都：以四川美院为核心形成了中国美术史上十分特殊的乡土风，你认为这是什么原因造成的？

罗中立：七七、七八级大家背景都一样，为什么这一拨优秀的艺术家没有出在中央美院、中国美院，而出在四川美院？我个人看来，这得益于四川美院当时自由的风气。这个我要感谢四川美院的老院长叶毓山。我们七七、七八级回到学校时，正值中国改革开放，第一批试点实行校园院长责任制。他给了我们很大的创作自由和空间，将没有住满的学生宿舍变成我们的工作室，正是因为有那个狭小的几个平方米的工作室，我们才画出了那些作品。四川美院出现这批人，跟这个掌门人提供的自由、优裕条件有关。美术史上的大师都没在四川美院，而在中央美院和中国美院，这既是辉煌又是包袱。每个学生考入学校的时候，他们顶礼膜拜的都是这些敬仰的大师。如果对大师言听计从，学生的个性发展会受影响。四川美院的师生之间有点像平等的哥们儿、朋友，这种碰撞、交流、打打闹闹，是最好的学习氛围。四年的大学生活我真是觉得太过瘾、太精彩了。只要眼睛一亮，就像小孩儿一样，没有停过，画画非常疯狂。

在学校，可以全身心地去画画。画画变成天经地义的事情，没有人去打小报告。所以那时候我有个座右铭："天气正好，下地干活。""天气正好"有两个含义，一个是指今天是最开放、创作最自由的时代，另一个是指我的身体还允许我画下去，以后拿不动笔就画不了了。

南都：四川美院的架上绘画在今天的美术版图里非常强势，架上的传统是怎样在四川美院很珍贵地保留下来的？

罗中立：老院长叶毓山八十寿辰，雕塑艺委会给他做了回顾展。在会上我发言，我们现在就是接过他的旗帜，要给学生的创作提供一个自由的学术空间。另外也许是缘分吧，这些有才气的、出作品的人，都在四川美院集中了。一路开花结果，到现在把架上的传统这样保留下来。七七、七八级在那个时候，给学校的传统增添了一颗种子。这颗种子在今天一路开花结果。所以人家讲，架上绘画的半壁江山在四川美院。后来有架上绘画意愿的全国的优秀学生，几乎都选择了四川美院。我们现在学生报名数在全国是一路领先的。每年报名的有九万多人，考油画、雕塑的人非常多。当在这个领域有选择的优秀的人往四川美院走的时候，一个传统就延伸下来了。

（2015 年 6 月 18 日）

邱振中：是书法家，也是当代艺术家

颜　亮

邱振中，当代艺术家、书法家。1947 年生于江西南昌，1981 年于浙江美术学院（今中国美术学院）书法系研究生毕业，现任中央美术学院教授、博导。他对当代书法创作有重要影响，同时，也致力于当代艺术创作，曾先后在中国美术馆、瑞士日内瓦、日本奈良、美国洛杉矶等地举办个人作品展览。代表作品有“待考文字系列”、《渡》、《马蒂斯第二组油画之二：

红色背景下的白衣少女(2012)》等，著有《书法的形态与阐释》《神居何所》《书写与观照》等。

6月25日，“邱振中：起点与生成”作品展将在广东美术馆开幕。这也是该展3月11日在中国美术馆开展后，系列巡展的最后一站。对于毕业于浙江美院书法系的邱振中而言，这次展览有特别的意义。“起点”毫无疑问是传统书法，尤其是草书，这个“起点”奠定了邱振中日后探索的基础；而“生成”部分，则是让他名声大震的现代文字作品和近年来用力颇多的当代水墨。在展览开幕之前，邱振中在尚未布展完成的展厅中接受了记者的采访。坐在自己创作的“《山海经》系列”之中，邱振中讲起话来不急不慢，当他聊到一些重要的概念和问题时，声音就开始慢慢变小，我们每个人都格外仔细地听着，生怕打破了什么似的。

书法是我艺术创作的出发点

南都：“邱振中：起点与生成”应当说是你近年来

最重要的一个展览了，从整个展厅的设置来看，它几乎涵盖了你各个时期的作品。是什么让你决定做这样一个带有全方位展示意味的展览呢？

邱振中：我在浙江美院读研究生时，念的是书法专业，书法无疑是我整个艺术创作的出发点，是基础。但我后来做的东西很多，如绘画、诗歌、书法等。1989 年，我在中国美术馆做了一个个展——“最初的四个系列”，此后有很多评价，这些评价要交给历史去检验，作为作者可以不管这些。但社会或艺术圈子却会自觉不自觉地给你分类，你是书法家，是画家，还是当代艺术家，他们区分得很清楚。然后再根据这个区分来认识艺术家和他的作品。

我这次展览的作品包括书法、文字作品、绘画三部分。对于创作，我没有什么界限，有了灵感、动机、构思，我就去做。但是当你做展示时，比如我的这些作品，别人看完，根本不知道我是做什么的，他很难归类。所以我做大型展览时，一直都有所顾忌。小型展览好一些，但综合性地展现我的想法和作品，是这几年才开始构思。一方面，很多朋友都非常关心我这些年在做什么，似乎也到了时候，该给社会和艺术界做一个交代；另一方面，我也做了将近三十年创作，有必要做一个整体的呈现。

南都：范迪安说这个展览是你思维变化过程的呈现？

邱振中：以前没有一个艺术家是从书法这个起点出发进入现代艺术、当代艺术的。为什么从书法进入当代艺术会这么难？这里既有作者自身的原因，也有批评家和观众的原因。

从批评家和观众来说，他有一个分类系统，当定义你是书法家后，你偶尔画几张画，他就会问，你还能绘画？从作者来说，选择书法的人，或多或少有怀旧情结，喜欢传统。如果你是年轻人，喜欢时尚的东西，你很可能不会选择书法。因为书法本身难度非常大，进入书法需要大的投入。这种投入，很容易使人形成向后看的趋势，你不断地回顾古人的成就，也就愈发怀旧，自然对当代的艺术就很难产生兴趣。另外，社会的认识也在妨碍一个人的试验、创作和思考。无论是美术界还是整个社会，都觉得书法就是旧的东西，要融入当下的文化非常困难，它只能回归传统。这个观点非常普遍。

但我不这么想。我虽身在书法领域，但同时热爱当代思想、文化、艺术——也许用“热爱”还不够准确，它跟你的生活的契合，早已远远超出了简单的关注、热爱的含义。传统与当代同时成为我不能舍弃的部分。这就决定了我在创作时，希望能同时满足这两种欲望——既跟过去有关联，又跟现代有关联。至于别人怎么看我的作品我不管。有人从中看到传统，有人从中看到现代，这是他们个人的审美选择。

南都：所以与书法相比，你更在意当下？

邱振中：展览起名为“起点与生成”，起点是一个点，是很长的一个过程，但在这个展览中只作为一个点来展示，即几组草书。这个展览表面上看起来展示了我创作演变的过程，客观上其实回答了这样几个问题：一是书法与当代艺术的关系，我的展览展示了一种可能性；

二是传统文化跟当代文化的关系，在展厅外面的隔板上，我打印了一段20世纪美国思想家、政治理论家汉娜·阿伦特评价德国思想家瓦尔特·本雅明的文字——“因为过去已被变成传统，所以具有权威性；因为权威性以历史的面貌出现，所以变成了传统。”本雅明知道发生在他有生之年的传统的断裂和权威的丧失是无法修复的，他的结论是，他必须找到新的方法来处理过去。这段话其实概括了整个展览的宗旨：一个艺术家，如果有足够的活力，他应该在呈现传统的同时，还能表现出将传统与现代的断裂联结起来的可能性。

其实按照“起点与生成”的逻辑，我应该先展示我的传统书法，然后再到文字作品和绘画。但在这个展览中，我不太想按照这个顺序来陈列。我想的是，一个从书法出发的艺术家来做当代艺术，如果做出了好作品，那他就是名副其实的当代艺术家。我不希望人们一进入展厅，便落入自己的成见中。

南都：“书法家”这个身份给你带来困惑？

邱振中：通常意义上的“书法家”，不仅存在与现代艺术家的差异，而且是一个在人心中的概念差异。说起对书法家的印象，大多数人第一感觉就是没意思，没事抄抄《心经》那种。它跟当代艺术是什么关系？没有谁会认真去想这个问题。所以，我这次展览如果有价值，我想，它将重新定义“书法家”。我们可以既是书法家，同时也是一个当代艺术家。我们展现的是书法作为“当代艺术”，甚至“未来艺术”的无限可能性。这个意义太大了。

我不想成为印象中的“书法家”

南都：1989年在中国美术馆举办的“最初的四个系列”书法个展应当是你当代书法思想最开始的一次集中呈现，为什么在80年代你就有那么强烈的冲动想去将传统书法与现代相联结？

邱振中：这要从我与文学的关系说起。从中学开始，我就立志做作家，做诗人。我一直关心现代诗歌、当代诗歌。我很早就认识到，现代、当代和后现代都是标签，它反映在心理上是没有界限的。所以标签一点不重要，关键是你对各种东西的敏感、接受能力和开放程度。

就当时来说，读书法专业的研究生，其实未来的道路是很窄的。当时，“书法家”的地位糟透了，我不想让自己成为那种大家印象中的“书法家”。我对各种艺术、哲学、绘画、诗歌充满兴趣，所以从读书法专业开始，我就非常清楚，我一定要把书法创作做成中国当代艺术的一个组成部分，把书法理论做成当代中国人文学科的一个重要分支。当时我就很清楚。到现在，我做了三十多年。从1979年到80年代末90年代初，十几年间，我写了一系列论文，最后会合成一本书《书法的形态与阐释》。这是我在书法领域所做的最初的工作。

南都：在你的“最初的四个系列”中，有一个部分就是“新诗系列”，这是不是跟你当时一心想做诗人也是相关联的？

邱振中：关系倒不是很大，当时一共构思了四个系列。我在80年代，花了大量时间在书法理论研究上，到1988年，文集中最后几篇文章的初稿已经完成。1989年，是我进入书法专业十周年，我想有必要做一个总结。那个展览的宗旨，是想探索中国现代风格书法有哪些新的道路。

为什么会想要探索这种可能？中国现代风格书法创作在20世纪70年代后期已经开始，我也做了一些作品。当时中国的现代书法创作，大多受到日本现代书法的启发。到1988年，已经影响了中国十年，但我们仍然没有走出一条自己的道路，所以我就想通过这个展览进行探索，做我们自己的东西。展览目的非常明确。于是我开始构思，从文字、作品构成形式到作品背后的含义，所有能想到的封面我都考虑过，设想了无数的方案。

最后决定做的四个系列作品，首先是“新诗系列”，用书法来写现代诗。其次是“语词系列”，选取汉语中能做书法作品文字题材的语词。再次是“众生系列”，用书法的观念表现与人生有关的内容，其中包括“日记”——在十个月的时间里，每天的签名。用每天签名的日期来暗示自己当天的状态，签名的位置也都是随机的。传统书法的要义之一，就是你写的任何字迹都反映了你当时的状态。这件作品在德国国家现代美术馆等地展览过。“百家姓”也是这个系列的一部分。还没有人用百家姓做过书法作品。我藏书很多，当时能查阅的书都翻过，为了寻找合适的题材。反复抄写“南无阿弥陀佛”，希望通过将口语和书写联系的形式呈现祖母念经的状态。最后是“待考文字系列”，“待考文字”指的是中国远古创制的，但到现在还没有考证出语义的文字。这部分文字，没有人知道它的含义，书法家不用，篆刻家也不用，到今天也只被我用来做书法创作的题材。当时这四个系列，一共展出四十多件作品。

南都：这四个系列的作品，你希望解决和传统问题对应的东西又是什么呢？

邱振中：有题材、作品构思，怎样利用传统观念做现代作品的问题。比如“新诗系列”，几乎所有现在愿意写诗的人，写的都是现代诗歌。现代诗歌很难写，不分行的话，写成一片，和古典诗歌的视觉一样；分行写，很多人都写过，就是抄一遍而已，完成后也不是视觉作品。直到我把它们连成一片，才解决了我要把现代诗歌做成现代艺术作品的问题。现在经过二十六年，那次展出的一部分作品还在展出。这些作品至少在今天来说都还没有过时，至于它们还能存在多久，那只能由历史来检验。

现代风格书法和当代艺术

南都：虽然你在20世纪80年代就已经形成了“现代书法”理论，但你现在似乎已经不再用“现代书法”这个名称去描述你那个时期的作品，你用的是“现代文字作品”？

邱振中：我过去也一直不用“现代书法”这个概念，我用的是“现代风格书法”。我现在有一部分抽象的水墨作品，不少人觉得那应该属于当代书法，但我不这样认为，我觉得它们还是属于绘画。书法一定要有文字，如果只要是有书法性的作品都可以算作是书法的话，那没有任何意义。这一点是决不能混淆的。那时之所以有人会这么提，也是因为做现代书法的年轻人在艺术界没地位，他们想借助一个东西进入艺术界。毕竟如果你想做展览，就得归属于一个类别，得树立自己的旗杆，“现代书法”就成了它们的标识。我一直坚持这种严格的区分，为的是理路的清晰。如果你是做当代绘画，那你就必须跟 20 世纪最优秀的作品去比较。这对很多人来说是一个不可思议的标准。

南都：那在你看来，现代风格书法同传统书法的差距又是什么呢？

邱振中：从用笔的方式来区分，很难；考虑变形的程度，也很难。我用的是一种最简单的方式，那就是看你的书法排列样式，即章法。如果你的章法接近或符合传统样式，那它就是传统风格；如果你的章法是传统里没有的样式，那就是现代风格，很好区分。比如说“待考文字”，我四个字叠起来写，写四遍。如果说不叠起来写，四个字就是传统书法，那挨着算不算呢？这里就很难区分了。我用的是一种可操作的方法，它是为了理论阐述的方便。如果你承认我的作品是伟大的作品，那么不管它是书法还是绘画，一点都不重要。这一点，我在80年代末就非常清楚。

在80年代，别人谈论的主要是我的理论，但这几年大家都在讨论我的作品。不过在这里，我要重新回到理论。我做了很多年理论，有些问题做得很仔细。这带来了很大的好处。一个敏感的、有想象力的艺术家，一个题材可以做出很多构思，但你选择哪种构思发展下去，根据是什么——这里需要出色的判断力。这种样式有感觉，但没有发展的余地；这种构思跟他人有重复；这种样式从来没有人做过，不怎么精彩，但它很可能通向伟大的创新——这里就需要一个伟大的批评家。

我进中央美院时，刚从日本回来，做了一个讲座："感觉与智慧"。比如说20世纪中期，一个敏感的画家，几笔下去，非常精彩，可以据此而成名，但今天仅仅凭借这一点，不足以成就一位出色的艺术家。你要很好地运用自己的敏感，怎么做到这一点？要有智慧。

南都：20世纪80年代用书法来做当代艺术，包括你在内，徐冰、古文达、吴山专你们四个人是四大主将。

你怎么看自己同他们的区别？

邱振中：我跟他们不一样。他们不是书法家。我的出发点和他们不一样。我是一个书法家，我必须深入到书法里，再解构书写，重构书写。他们没有深入书法的责任，他们用书法或文字的观念、模式来做当代艺术。像谷文达利用篆书的结构，它里面没有书写，只有图形。徐冰做的“天书”，是编制汉字，编汉字里没有的结构。他模仿汉字结构，去构建汉字从来没有的东西。我是设法深入到最微妙的书写、最深邃的意境，再用这些东西化成新的作品。他们的出发点不是书法，是文字。

南都：对于书法与当代艺术的关系，你曾经说过，希望能从书法出发，为当代艺术提供一种路径，一种可能性。你是从一开始就站在当代艺术的角度而不是站在传统书法的角度，来给当代艺术提供一种书法的可能性吗？

邱振中：两者都有，没有区分得那样清晰。从早年进入浙江美术学院书法专业开始，想着的就是能为书法提供一条新路。但走到现在，对当代艺术的理解，跟以前不一样。现在来看当代艺术，什么叫中国当代艺术，谁是代表人物，哪些是代表作品，都要打个问号。

实际上，我们现在关于当代艺术的观念，对当代艺术作品的判断，都是西方影响下的产物，是在他们的状态中派生出来，然后再演化出我们自己的作品。但是今天大家已经清晰地意识到，我们应该创作出自己的当代艺术。那么这个当代艺术是什么样子的？既然你要创作出自己的当代艺术，我们可以做一些推论：第一，它跟已有的当代艺术，跟西方的当代艺术不太一样，甚至很不一样，它有深刻的中国文化的特征，但同时又是现代的；第二，跟我们现在看到的当代艺术很不一样；第三，判断是不是好的当代艺术，是不是中国的当代艺术，要有新的标准，不能用原来的标准，利用原来的标准，就只能挑出那种意义上的当代艺术；第四，所有观众和批评家、理论家的观念都是从那里来的话，他是判断不出新的当代艺术的；第五，如果要鉴别这种当代艺术，一定要同时创造出自己的当代艺术理论，否则作品放在眼前你也认不出来。

当代水墨创作

南都：你在20世纪90年代中期又开始创作当代水墨作品，这种转变跟你之前对现代文字作品的探索有没有什么相关性？

邱振中：我在90年代前期就开始用钢笔随便画一些东西，但真正开始创作水墨作品是1995年。这种探索跟我之前的现代文字作品之间的关系不大。我在美术学院生活多年，一直非常喜欢油画——我想以后去画油画，后来到日本教书，一个人住在很大的房子里，笔墨都在手边，便随手画点水墨画，希望为以后画油画做点构图上的准备。但没想到的是，我画的第一张水墨作品就非常完整，日本的画家朋友看了都非常意外。

这两天我在看毛姆的回忆录《总结》，里面说，他爱好写作，他觉得自己写作实在太轻松了。我想很多时候就是这样，我画画太轻松了，丝毫都不费力。我也不清楚这是否跟我的书法训练有关。

2003年，我画了枯萎的百合花(《状态－Ⅶ》)，画完这批作品以后，我清楚地知道，凭我驾驭线条和空间的能力，我可以去画所有我想画的东西了。认识到这一点，给了我很大的信心。

南都：2003 年，你去了法国，从最初的抽象作品又开始创作马蒂斯系列，当时为什么会有这样的转变？

邱振中：2003 年，我画完百合花就去了法国巴黎。在那里住了两个月，每天看五六个小时博物馆。看完就回来想，下面我画什么。我把全世界所有可能去画的东西都想了一遍，一个一个否定，最后决定把马蒂斯的油画画成我的风格的水墨画。

蓬皮杜美术馆离我住处只有十多分钟的路程，我几乎每天吃完晚饭就在里面转一圈。天天面对马蒂斯的代表作，回来就想我自己的问题。

通过将马蒂斯的油画画成水墨画，我其实想回答一个问题，那就是中国水墨画能否从西方油画中转化出些什么东西。如果能，那具体的途径是怎样的？意义又是什么？我从 2008 年画出第一批，到 2012 年年底在香港做了名为“从《西厢记》到马蒂斯”的展览。

这批作品也许发掘出了水墨的一种新的可能性。要知道，一种崭新的风格的形成是多难的事情，每个人都挖空心思去做，但最终未必能成功。如果我们从西方油画转化出水墨的某种新的可能性。它被西方现代艺术所激发，但是一转身，它就变成了一种水墨的可能性。

南都：那你平常的创作状态是怎样的，如果没有展览的话？

邱振中：做草书，也做绘画。一个阶段基本上只做一种作品。草书做了很多年。一个成熟的书法家，随着经验的积累，会越来越成熟，技巧几乎成为一种本能，要超越这种本能，再上升到另一个水平，非常难。几乎要揪着自己的头发往上拔，才可能从这个本能中跳出来。草书的每一点的进步都需要很长时间。

南都：我看到你在接受访谈时说过，到2007年，在草书中你获得了一些你想要的东西。

邱振中：我一直对自己的草书不满意，希望能上升到更高的阶段。2005年，我决心从头开始训练我的草书。我选取了几个经典范本做细致的研究，每天进行大量的训练。一直到2007年，在一件小幅草书中出现了新的我需要的东西，接着就写了一批，有一百多幅，全是七言绝句。我希望以一种模式把这一收获牢牢握在手中。当我在装裱店第一眼看到裱好的作品时，我就清楚地知道自己已经获得了想要的东西。

除此之外，这批作品中，还有一个极为重要的收获，那就是我对空间的驾驭能力。对一个书法家而言，你所做的唯一的事情，就是用毛笔画线条。要想用这些看似简单的东西创造出能让人看五百年都不厌倦的作品，需要复杂的技术和视觉的高度敏感，这是一个书法家的使命。对我而言，我要求当我的笔接触到纸的第一个毫米就必须是有力量、丰满而富有变化的，同时要处在一个连续的、有表现力的运动之中。对草书而言，最重要的就是这种运动。这是一个非常高的标准。我想从古至今，达到这个标准的，不超过二十人。第二点，我想我带来了一种对空间的全新要求。过去的草书，大多是把一个字写好、写熟练，然后将这些字连接起来，但我对草书的要求是处理好出现的每一个空间，每一个空间都要有表现力，包括两字之间、两行之间的空间，全部空间的组织必须有整体感，有新意。这是前所未有的要求。看起来还是一样的字，你也可以一个个地去看，但是当你把一个个空间看下去，同样经得起推敲。其实，这样来看书法，与现代绘画中的某些要求几乎一模一样。经过这样的书法训练再来画画，对我来说，实在是一件简单的事情。

（2015 年 6 月 25 日）

许江：把“50后”的肉身和精神都画进葵中

黄　茜

许江，中国美术学院院长、教授，中国美术家协会副主席，浙江省文联主席，浙江省美术家协会主席。1955年生于福建省福州市。1982年毕业于浙江美术学院（今中国美术学院）油画系。1988年到1989年赴德国汉堡美术学院研修。

12月3日，许江大型回顾展“东方葵Ⅱ”登陆上海中华艺术宫，成为沪上文艺界一场盛事。百余件大型油画、水彩、雕塑作品，呈现了许江十二年孜孜以求的画葵历程。

2003 年，小亚细亚高原。在沿土耳其海岸去向特洛伊的路上，许江遭遇了一大片夕阳下的老葵。这生长在欧亚文明交界有着“荒原般表情”的葵园，陡然唤起他无限感喟。同行的艺术家邱志杰说：“我们当时都没意识到，那个瞬间后来变得多么神圣。”

十二年，葵成为许江唯一的凝视对象。在展览现场，画幅里的葵密织如墙、累叠如山、悬垂如瀑。

传说赵孟頫画马，曾为榻上滚尘之马。许江画葵，也自比“老葵”。他又自称“葵农”，追赶、目击过无数葵园。今年 7 月，他赶到台风过后的嘉兴南北湖，在东方既白之前，撑开三米长的横卷在曦光中画葵。照片里，他的身影像驾犁耕作的农夫。

在许江的葵园里，有人看到人间苦难，有人看到金戈铁马，有人看出奥德赛式的诗性智慧，有人听到瓦格纳式的繁密交响。但最动人的，其实是最真实的“肉身”感，体现了一个画家的心血和诚意。

十二年画葵不辍

南都：您的“东方葵”是“知青一代”的生命写照，在您看来，这一代人有什么共同的特征？

许江：我们是在“文革”时期成长起来的，那个时候学习的条件很差，我甚至都不知道有美术学院。我记得我们全家从福州下放到福建的沙县，有个美术老师送了我一捆铅笔，从 HB 到 2B、3B，我到那个时候才知道铅笔还可以分深浅。那个年代物质极度贫乏。但正是那样一个年代，让我们学会了珍惜。为什么说我们这一代人是“葵”的命运呢？因为我们有过非常多的沧桑，就像葵一样，它扎根土地，面临干旱和贫瘠，但仍然能够顽强地生长。知青这一代人真的具有这样一种品质。

最近大家也在热议，知青一代在最近几年会慢慢退休。我个人觉得“50后”的退休是今天中国社会生态的一个重大事件。因为这一代人都曾经是“向阳花”，都有过“向阳花”的不凡经历，历经沧桑但依然怀抱理想，虽然有些残破却依然坚强。他们经历了“文革”的荒芜，也经历了改革开放以后中国的成长。他们是亲历者，是见证者，也是主角。现在这一代的主角和亲历者要退了，所以愈加地有几分悲凉。“知青一代”有太多共同的东西，唱同样的歌，读同样的书，说同样的话，有过同样的磨难。我曾经说过“双重插队”。第一次是“土插队”，到贫瘠的地方去当农民。第二次是“洋插队”，到西方去学习。这种共同的经历造成了我们这一代人身上非常特别的东西。所以我们在感喟的时候，无论是学者还是官员，都很容易走到一起。

这就是为什么我画的葵总是群体的，总是茫茫一片，总是编结起来像葵墙一样，总是叠起来像一座山峦。看一个个葵好像都有残破，但是众多残破的葵堆积起来的时候，它像一部史诗。我很深切地希望用葵给一代中国人立言、立像。

南都：去年在北京的国家博物馆已经举办过一次很

盛大的“东方葵”展览，这次上海的展览和北京的展览有什么不同？

许江：去年在北京“东方葵”的展览，很重要的是通过对葵的独特描写，通过葵叠如山的表现，要来体现葵的“东方性”，实际上是一代人的东方性。所以在国家博物馆的三个展厅，葵叠如山，一层层屏风，让人仿佛穿行在群峦叠嶂之中。今年我想可能是我大型葵园展览的一个总结。从最早在土耳其小亚细亚高原遇见那样一片老葵园，唤醒了我的家园意识，到今天已经十二年了。十二年来我去过无数的葵园。每一个葵园都对我的绘画有一种推进，有一种身不由己的塑造。这样一段独特的人生就像一个生命的长旅，我想用这个展览来对这十二年做一个回顾。

南都：回望这十二年，您有什么感触？

许江：我想到，十二年前跟我一起去土耳其的这些青年艺者，今天已经是非常成熟的艺术家。跟我一起去的那些青年记者，现在都已经在很重要的岗位上。这十二年成为共同的经历、共同的生活。通过回望，我想让今天的年轻艺术家们知道，艺术创作的推进依靠我们生根大地。我们既然讲深入生活，那不是浮光掠影，不是搜奇掠怪。而是真正地要扎根大地，受着大地的塑造。

我最早遇到的土耳其那片葵园，因为地处东西方之间，唤醒了我的青春记忆，也唤醒了一种东方式的远望。所以我画了《葵园十二景》，用词牌的名称为绘画点题。后来到了内蒙古，看到一片雪葵，更深地了解了葵的坚强和悲凉。我回来画了很多葵秆，坚强的葵秆挺着葵头，像墙一样挺立在大地上。在这之后，我画的葵越来越有坚强的意象、群体的意象、墙一般的意象。后来我又看到了新疆的葵园，在戈壁滩上的葵园，以及收割之后叠起来的葵山。我回来以后画了《东方葵》，感觉葵在山的骨骼当中重生。今年我又看到了一片被台风刮过的葵，劫后余生的葵，它们用它们的肉身，揭示那样一个夜晚的搏斗。

一场一场葵园的变化，背后是葵本身的变化，葵园深处的信息变化，是一种时代势能的变化。这些都化入我的笔下，催生了切肤的生命体验。葵在十二年当中成了我的肉身。这是我非常想告诉年轻艺者的，真正的艺术在大地深处，我们要接受一场生命持久的磨炼。

南都： 我在你的油画里，看到很多中国画式的笔触，这是刻意为之的吗？

许江： 对，通过画葵，我也想告诉年轻的艺者，中国的油画如何能有中国的情绪、中国的气息？一方面是要向油画的传统学，另一方面是要向火热的生活学。前者叫师传统、师古人，后者叫师造化。最后要师心独造，形成自己的独特意象。在我的绘画当中，这种东方葵的演变也有中国式的用笔的演变。所以你看我的画，仿佛很大，但用笔都非常独特，有一点中国画"写"的方式。这种"写"的方式背后是中国的气息和中国的精神。我觉得这是我们中国油画的使命。让油画接受东方式的改造，然后回馈给世界。

还有一点要告诉年轻的朋友，葵的后面是人。葵真的非常独特，它特别坚强，特别草根，就像我经常举的例子。我过生日，学生送我一束葵。我把一半放在冷水里，第二天就蔫儿了，第三天就扔掉了。另外一半插在滚烫的开水里，二十天之后葵依然昂首怒放。你能够想象吗？所有植物都不能插在滚烫的开水里，只有葵，它就需要滚烫的开水，这就是葵的性格，这就是葵的炽热和燃烧。中国人有咏物的传统，传统文人吟咏梅、兰、竹、菊，可用梅、兰、竹、菊表现这一代中国人则不像，但是葵可以，葵的草根坚强，葵的炽热燃烧，都是这一代中国人的写照。所以你看到我那些硕大的葵、群体的葵、数以百计的葵，诉说的都是葵园深处的故事。

在这里看到贫瘠、苍凉

南都：葵是“50后”的生命象征，但是如何能让年青一代人读懂葵呢？

许江：我当然希望葵不应该仅仅成为一代人记忆的再现，我觉得它应该是跨时代的情怀。不同时代的人，不同国别的人，都能在葵园当中看到自己。我们这一代人，无论是什么专业，看到葵可能都会有特别的感情。就像余华说："葵是让我们热泪盈眶的青春记忆。我们这一代人又一次百感交集地聚集在许江的葵下。"

如何能够让不同年代的人，尤其是今天的年轻人读懂葵呢？这是要下一点功夫的。今天的年轻人不仅要看到葵园灿烂的阳光，而且要看到葵园所经历的风雨、干渴。风雨、干渴有时候比阳光更为重要。我曾经跟同学们说，今天大家的生命当中缺少什么？缺少贫瘠。太富有了。所有东西都是现成的，只要需要都可能得到。就像一开始说到的绘画的学习。那时候我们没有样本。不要说世界名画了，就连中国自己的传统绘画都没看过几幅。我们看到的非常非常少，但我们却如饥似渴。

比方说，那时候稍微有一个机会可以画画，我们就扑过去画画。我们自己组织起来，晚上轮流做模特。后来美术公司开始招工，我们就到美术公司去当工人。再后来美院开始招生了，我们就开始考美院。进了美院以后，整所学校只有几本外国画册。我们洗了手，锁在一个房间里头，一个下午一张一张地读这几本画册。后来学校里突然又有几本国外的画册进来，以展览的方式放在橱窗里头，每天翻一页。老师翻过这一页，把橱窗锁上之后，我们扑过去，“吞吃”这些画页。其实今天我自己的收藏已经数百倍于这些画册，但那个时候，我们把所有这些东西牢牢地摄在心里，在教学上、学习上使用。后来又打开了国门，我们又努力地向西方学。在向西方学习的过程中，我们也有很多的思考和警惕。所以才有像我这样的一个发展的漫漫长路。今天的孩子没有贫瘠，东西太多，陷入了选择的危机，进而对所有的东西都无所谓了。所以我觉得今天的生活需要一点贫瘠，如果有一点贫瘠他们就好选择，就会珍惜。

遇到葵，终于落到了大地上

南都：在“东方葵”之前，你创作了一批关于棋子和对弈的作品，还画过城市废墟。能否回顾一下你创作的几个阶段。你是如何在最后找到“葵”的？

许江：做“弈棋”是在德国留学的时候。我学了一些不错的油画技术，想到西方的师傅面前去“舞大刀”。哪里知道人家已经不玩这个了，他们已经不会画了。他们搞装置，搞新媒体，搞观念艺术，给我带来很大的痛苦。我想，怎么能够让西方接受我们呢？后来发现，中国元素的东西西方能够接受。所以我开始下棋，用真人下棋，也用观念下棋。用棋来演练东西方文化互相博弈又互相启发的格局。所以我那时候做了很多弈棋的作品。弈棋的作品有很大的问题，它无法落地，无法把我们肉身的真实感受放入，无法呈现真实的生命的变化，它是从观念到观念。我今天看到很多年轻的孩子们搞观念艺术，就在想，他们实际上在重复我们的往昔。但这个重复是必要的，因为只有一段重复之后，才能有自己的感受。你告诉他不能这样做，他不听你的，就像我们当年一样。

所以观念艺术之后，我又回到了架上绘画，做了很多综合材料的东西。后来发现综合材料仍然不能落地，很难有切肤的经验。所以我又画了很多城市题材的作品，画老北京、老上海。这些城市题材的作品当然有世纪之交回望历史的深沉、苍茫，也带来深邃的对历史风景的观照。但仍然没把眼睛看到的活生生的肉身的感觉放进去。后来终于遇到了葵，我终于落到了大地上。当我把眼睛交给这个世界，这个世界把我变成了它的肉身，葵成了我的肉身，或者我成了葵的肉身。这种切肤的生命经验，是能够有效地通过绘画语言来彼此传递的。很多动物也有舞蹈、呼喊的本能，但是它很难超越这个本能来传递出更高的意象。但是人可以。人可以超越自身的本能，通过绘画的个性化的表达，传递一个种群的经验。

读书是高崖望断，画画如衔枚疾走

南都：除葵之外，您会从哪些地方吸取创作的能量？

许江：第一，一个人要学会向自我学习。我向我的工作学习。领导这样一个学校，耗去我大量的时间。但也为我的绘画带来一种不同的气息。因为我的工作不由我思考，我必须当机立断，见血封喉。这使得我的绘画比较果断，比较刚硬。

第二，向自己的生活学习。我的生活当中最重要的就是读书。每当读到一些好书的时候，我就感觉自己站在高处，望断青山。这种高崖望断的感觉，特别养育我。我画画的时候就没有这种感觉，我画画有点像欧阳修《秋赋》里提到的“衔枚疾走”，士兵要横衔着枚（像筷子的东西）疾走，秘密行军。阅读的时候高崖望断，绘画的时候衔枚疾走。这种阅读深深地养育了我的心怀。

我还有一个特点，就是有很强的讲故事的能力。一本小说我看了以后讲出去，比起读原作，大家可能更愿意听我讲。像帕慕克的《我的名字叫红》，我看完以后整出很多个关于绘画的寓言，大家都很爱听。结果他们去读这本书，却读不到。

第三，就是向我的同代人、我的老师和我的学生学习。我做作品会有几个助手，他们都给我很多启示。还有我的葵园绘画的展览，连续七八年，七八个大展，七八本画册，年轻朋友们的策划和想法也给我很多教益。

至于向日葵，实在是一个无论中外都令人感动的物种。我在德累斯顿办展览的时候，德累斯顿的馆长跟我讲，你知道吗？葵是很卑贱的植物。土地贫瘠了，你就种葵，它的根部能够抓系土壤，很干涸的地方它也能够生长。后来我在内蒙古也听到农民这样讲。土地贫瘠了，种五年、十年葵，让葵回到大地上，土地就能得到改善。我又到了新疆，看到戈壁里毛茸茸的葵，一望无际。他们也是通过种葵来改造戈壁。所以葵的拓荒者的生命和使命各地相同。

艺术作品表现葵的也很多。很多人问我的葵和凡·高的葵有什么不同。凡·高是把葵插在花瓶里，用他自己的生命去点亮它。我的葵总是在大地里，苍茫一片。有一个奥地利的犹太人叫西蒙·维森塔尔，他是集中营里的幸存者，他一生都在追讨纳粹德国的罪行。他的回忆录就叫《向日葵》。他在集中营的时候，有一天经过一片德国兵的墓地，发现每个坟头上都插着一棵向日葵。他当时想，哎呀，他们死了以后还能从里头看到外面。我死了以后能不能有这样一棵向日葵？索菲亚·罗兰曾经演过一部动人的电影也叫《向日葵》，电影里她的丈夫是第二次世界大战时的意大利士兵，出征之后再也没有回来。她到乌克兰、俄罗斯去找，找的过程中穿过一片一望无际的向日葵，引导她的人说，这片向日葵下面有几十万人的尸骸。双方军队的尸骸共同养育着这片葵园。

向日葵往往会与一种特殊的生命的纠结和磨难卷在一起，又和一种超乎灵性的想象联系在一起，所以它特别动人。

南都：杨参军说你在绘画的时候就像“蚊子叮血”，上了画布不愿意下来。你在这么繁忙的工作里，是怎么抽出时间来画画的？

许江：关键还是自己安排好。这也不容易，也要感谢中国美院的老师们对我工作的理解和支持，使得我能够上午办公务，下午尽可能回工作室工作，晚上再来补开会。像今天我就是晚上来接受你的采访。

只有绘画能保存我们的感受力

南都：你在中国美院主持工作，对于新媒体专业非常支持。在3号下午的研讨会上，邱志杰说你这是为绘画培养了一个强大的敌人，“偏偏要在大家更想看电影，年轻人拼命玩手机的时代，用绘画抓住年轻人的心”。你怎么看在新媒体涌起的当代，绘画所面临的危机？

许江：他的意思是说，我特意制造了一个强大的新媒体，构成对绘画的威胁，把绘画逼到墙角，再来进行反抗。这是他的善意。实际上我很清楚地意识到，今天我们这个时代，互联网等新媒体带来的重大变迁。这个变迁还不在于艺术本身，更在于大家感受艺术的方式。比方说今天大家看照片，拿iPhone 6(苹果6手机)拍的照片，清晰的程度已经超过我们以前所有的相机。它甚至把我们眼睛对于所谓真实、细腻的感受力提升了很多。在这样的情况下，绘画还能干什么？

今天的一个画展，影响力远不如一部电影。电影又不如电视上的各种“秀”，《中国好声音》《中国好歌曲》……所以我在学校一方面坚守传统、坚守绘画，要建立具有饱满中国精神，能够不断地变革出新的绘画的学科，另一方面，也应和时代的变化，建造同样具有深厚中国文化精神的跨媒体艺术。让它们共生互动，形成良好的局面，而不是谁吃掉谁。

以前绘画用于描绘一个现场，现在谁都懂得用手机。绘画记录生活的时代已经过去了。但绘画的内在存留着我们的感受力。绘画的过程是一个人和世界共在的过程。画一个杯子，我要一笔一笔地去画。画出来以后发现高了，抹掉再来；发现矮了，又抹掉再来。不断地抹去、重来，渐渐接近客观的实在，这个过程是有肉身感受的。艺术的教育，说到底就是通过一门技艺的学习，开启我们的创造性，培养我们的肉身。就像我们画一张画的时候，画痛苦的时候我们自己脸部的表情是痛苦的，画一个挣扎的身体的时候我们的身体也有同样的感觉。这种肉身之感，存留在绘画的行为当中。所以我说我们这一代人是老葵，是沧桑的葵，这种生命的独特经验会留在我们的表情里，并且通过我们的手传达到绘画艺术当中。这种感受力非常重要。今天的电脑变得轻飘飘，手指一动，一个冬天过去了；再一动，一座喜马拉雅山来到了眼前；再一动，我们已经到了地球的边缘。一切都变得太容易，没有分量。只有绘画能帮助我们保存这种分量。

中国美术学院的学生一进校，我就会送他们两支毛笔、一叠宣纸、一本《智永真草千字文》。六朝的梁武帝很喜欢王羲之的字，选中王羲之的一千个字，要他的宰相周兴嗣写成文，周兴嗣一夜之间就编写出了《千字文》，不仅文美，更是中国人世界观的表达。智永这个高僧是王羲之的后代，他用王羲之的楷书和草书将《千字文》写了一遍，这就是《智永真草千字文》。我让学生去临摹这本《智永真草千字文》，不是要把他们都培养成书法家，而是要让他们通过书法的练习，了解中国文化的精神。通过《智永真草千字文》的字美、文美，理解中国文化的根。以这样的方式，把绘画的感受力培养起来。这也是我在领导学校的教育发展当中的一些最根本的想法。

南都：这两天进行了非常密集的研讨会，你有什么感受？

许江：从开幕到现在，已经进行了两场非常大型的研讨会。第一天是我们绘画界的研讨会，题目叫“葵园回望”。有非常多的我的老师、我的同学，从各个方面谈到葵园绘画给他的感受。

5号一天有一个两代人葵园经历的研讨会，题目叫“青春如噎：葵园故事会”。“如噎”这个词，是从《诗经·王风》里《黍离》一诗来的。我的画册一开始就是《黍离》这首诗。“彼黍离离，彼稷之苗。行迈靡靡，中心摇摇。”周朝的大夫，在皇宫故地慢慢地行走，看到皇宫已经不存，但是禾黍已经长起来了。所以他对着禾黍的苗、穗、果实，一唱三叹，最后是“中心如噎”。三段的诗歌，最后都是“知我者谓我心忧，不知我者谓我何求，悠悠苍天，此何人哉？”青春是让我们特别激动和哽噎的。很多年轻人都说，青春不仅仅属于年轻人，青春是一种生命的状态。有的人苍老了，仍然青春。有的人年少，但已经不再年轻。青春的生命状态是让人感动的。

前几天"全国青年美展"在中华艺术宫开幕的时候，我对青年艺术家说，重要的不在于一张画，而在于找到一条路。葵之路的意义在哪里？不在于找到了不变而持久的题材，而在于我们收获了一个充满感受力的身体，通过这个身体，我们得以进入一个缓慢生长的真实的存在。

（2015年12月11日）

后　记

《谈艺录》和《问学录》是《南方都市报》文化副刊部推出的两个系列。结集出版时，想起我们做编辑的常用的一句话：篇幅所限，略有删节；其实是，篇幅所限，删节很大。我们做采访时总有或多或少的遗憾，此次结集出版，是遗憾的双重叠加。

几年前，编辑部同人开选题会。我们想，是否可以将目光对准当代中国影响力最广泛、创造力最活跃的学人群体？我们通过访谈的形式，对他们的治学之路做一个通俗版本的呈现，也可以从他们的人生阅历中看到中国近三十年来的大时代变迁。这样的系列访谈，对编辑的难度，在于如何在有限篇幅中尽可能丰富地呈现学者的学术人生；对记者的难度，在于如何让采访对象打开心扉，在学术与大众中间找到完美的结合点，暗合媒体的话语体系。此中艰辛，只有参与其中的编辑、记者能体味。

于是有了《问学录》系列，每周一期，前后持续一年。学问一途，没有专业知识的积累，断难一窥其中的艰辛与魅力。我们选取的采访对象都是处于学术活跃期的学人，有的名重天下，也有的只是民间学者，并没有教授或者研究员的耀眼光环，但无一例外，他们都在各自领域中学有所成。更关键的是，他们的个人成长轨迹和中国巨大的社会变迁有诸多吻合之处。我们以为，学人的人生路途是另一种信息丰富的时代注脚。

《谈艺录》系列与《问学录》系列一脉相承，借用钱锺书的书名。这里是用其本意，让艺术家、策展人来谈谈和艺术有关的人和事。作为大众媒体，我们感受到中国的艺术氛围在逐渐升温，越来越多的人需要接受艺术知识和氛围的熏陶。我们希望对活跃的艺术家、评论家或策展人做采访，从媒体的角度来追问，以艺术为底色，以人生故事来推动行文。很多传统学者对媒体的动作方式颇有微词，认为媒体善于以肤浅来哗众取宠。我们当然不能完全同意。我们更愿意说：媒体是在专业和普及之间搭建一座沟通的桥梁。具体到《谈艺录》这个系列而言，其实是我们在用大众能理解的语言去呈现艺术理念。

《南方都市报》一直致力于“办中国最好的报纸”。而南都同人，也无不以“办中国最好的报纸”为目标，为自我的鞭策，为自我的衡量标杆。有赖于中国媒体市场化的历史机遇，更有赖于高扬理想情怀的南方报业同人的励精图治，二十年来，出身岭南的《南方都市报》尽管人员流动从未停歇，但在新闻业中始终有口皆碑。理想的血脉传承，同人的相互鼓励，都是因为这里有着源源不断的内生力量。

如你所知，我们是大众媒体从业者，非专业研究者，而我们面对的采访对象都是当今卓有成就的学人。他们研究领域宽广，专业知识深厚，即便我们为一个采访做了长时间的功课，最终呈现出来的文本仍有不尽如人意处，甚至错漏，还望诸位接受我们采访的先生及广大读者海涵。

结语未免有些伤感。《谈艺录》和《问学录》是《南方都市报》文化副刊部的集体创作，从前期策划到具体执行，从现场采访到后方编辑，众多同事为此付出了心血。记者尚有名字置于文前，而戴新伟、帅彦、郭爽诸君，他们幕后的工作，是整个系列得以成立的基石，却在正文中不见踪影，所以要特别感谢他们。到这两本书正式出版之时，多位同事已离开南都，各奔前程。这两本书的文字中，有我们共同的不会随风飘散的美好记忆。他们的青春与才华奉献给一份有着明显历史印记的报纸，我以为是有价值的。

感谢所有接受我们采访的艺术家与学者，以及参与采写的编辑与记者。尤其要感谢李辉先生策划“副刊文丛”的创意，以及为此辛勤付出的大象出版社的同人。

刘炜茗

2017 年 8 月

精品栏目荟萃

《副刊面面观》（李辉　编）

《心香一瓣》（虞金星　编）

《纽约客闲话精选集　一》（刘倩　编）

《多味斋》（周舒艺　编）

《文艺地图之一城风月向来人》（孙小宁　编）

《书评面面观》（李辉　编）

《上海的时光容器》（伍斌　编）

《谈艺录》（刘炜茗　编）

《问学录》（刘炜茗　编）

《名人之后》（沈秀红　编）

《纽约客闲话精选集　二》（刘倩　编）

《编辑丛谈》（董小酷　编）

《本命年笔谈》（严建平　编）

《国宝华光》（徐红梅　吴艳丽　编）

《半日闲谭》（董宏君　编）

《云泥鸿爪一枝痕》（王勉　编）

个人作品精选

《踏歌行》（陈娉舒）

《家园与乡愁》（李汉荣）

《我画文人肖像》（罗雪村）

《茶事一年间》（何频）

《好在共一城风雨》（胡洪侠）

《从第一槌开始》（剑武）

《碰上的缘分》（王淪）

《抓在手里的阳光》（刘荒田）

《阿 Q 正传》（鲁迅）

《风吹书香》（冻凤秋）

《书犹如此》（姚峥华）

《泥手赠来》（黄德海）

《住在凉山上》（何万敏）

《老解观象》（解玺璋）

《犄角旮旯天津卫》（林希）

《歌剧幕后的故事》（薛维）

《色香味居梦影录》（姜威）

《走读生》（李福莹）

《回家》（朱永新）

《武艺十八般》（萧乾）

《一味斋书话》（熊光楷）

《收藏是一种记忆》（剑武）